标准 质量 创新

——“SPADE”五维质量保证体系案例与论文选编

胡博巍　邓慧敏　编著

湘潭大学出版社

图书在版编目（CIP）数据

标准·质量·创新："SPADE"五维质量保证体系案例与论文选编 / 胡博巍，邓慧敏编著. —湘潭：湘潭大学出版社，2022.5
ISBN 978-7-5687-0809-8

Ⅰ. ①标… Ⅱ. ①胡… ②邓… Ⅲ. ①高等职业教育—教学质量—文集 Ⅳ. ① G718.5-53

中国版本图书馆 CIP 数据核字 (2022) 第 119027 号

标准 质量 创新——"SPADE"五维质量保证体系案例与论文选编

BIAOZHUN ZHILIANG CHUANGXIN——"SPADE" WUWEI ZHILIANG BAOZHENG TIXI ANLI YU LUNWEN XUANBIAN

胡博巍　邓慧敏　编著

责任编辑：丁立松
封面设计：文海宏远
出版发行：湘潭大学出版社
社　　址：湖南省湘潭大学工程训练大楼
电　　话：0731-58298960 0731-58298966（传真）
邮　　编：411105
网　　址：http://press.xtu.edu.cn/
印　　刷：长沙欣发印务有限公司
经　　销：湖南省新华书店
开　　本：787 mm × 1092 mm 1/16
印　　张：13.25
字　　数：288 千字
版　　次：2022 年 5 月第 1 版
印　　次：2023 年 1 月第 1 次印刷
书　　号：978-7-5687-0809-8
定　　价：53.00 元

前言

广西国际商务职业技术学院创建于1965年，是一所以培养适应现代商务事业发展需要的国际化应用人才为宗旨的公办全日制高等院校。学校先后荣获全国精神文明建设工作单位、全国青年创业示范园区等称号。学校现为广西唯一具备商务部“援外培训承办单位”资质的职业院校，是商务部“人才强商”基地、广西促进中国－东盟自由贸易区建设人才小高地、教育部“人文交流经世项目”首批“经世国际学院”。经过多年的发展，学校构建起区域内具有一定影响力的现代商务特色国际化人才培养体系，学生就业创业竞争力明显增强，连续18年获评全区普通高校毕业生就业创业工作突出单位。

为贯彻落实《国家职业教育改革实施方案》《职业教育提质培优行动计划（2020—2023年）》精神，推动全国职业院校商科专业优质发展，提高人才培养质量，提升职业教育形象，广西国际商务职业技术学院在长期理论研究与实践探索的基础上，创造性构建包含教师发展五独（Special）、专业建设五力（Power）、学生成长五到（Achievement）、课程建设五度（Dimension）、学校发展五重（Emphasize）的“SPADE”五维质量保证体系。该体系共5个维度、25个方面，设立了100个诊断点，355个观测点，是对接国家标准、政策法规，知名专家学者研讨斧正，第三方组织机构参与的智慧结晶。

“SPADE”五维质量保证体系在实践中不断优化迭代，扩展升级为“SPADE”标准认证。2020年，广西国际商务职业技术学院发起全国商科职业院校“SPADE”专业与课程认证合作试点，有包含7所中国特色高水平高职学校和专业建设计划建设单位在内的国内外38所职业院校加入。2021年，学校成功发布了全国商科职业院校“SPADE”认证标准，承办中国－东盟商科职业教育高质量发展论坛，牵头成立了中国－东盟商科职教联盟，论坛在人民网直播点击量超40万人次，职教云在线观看超过1万人次。“SPADE”五维质量保证体系相关成果被CCTV、中新网、《光明日报》《中国教育报》《中国青年报》《国际商报》《广西日报》等媒体聚焦报道，并连续两年被收录进《中共广西历史大事记》。2022年，清华大学当代中国研究中心采用“SPADE”标准体系设计的职业教育调查问卷正式应用于全国职业教育课题研究。“SPADE”五维质量保证体系的完善与优化、认证的推出与实践得到了全国商贸职业教育集团和全国各联盟院校的大力支持，给予了极大的帮助，特此表示真诚的感谢！

2021年，广西国际商务职业技术学院开展了“SPADE”五维质量保证体系典型案例与论文征集活动。各单位踊跃参与，本书从国内外40多所联盟院校中精选了一批优秀案例和论文，通过生动翔实的文字和图片，真实再现了“SPADE”五维质量保证体系在国内外院校的实践发展过程。本书是2021年度广西职业教育教学改革研究项目——“岗课赛证”融合进阶培养高职商科人才的研究与实践（GXGZJG2021A011），基于提质培优行动的高职商科专业认证标准及机制研究与实践（GXGZJG2021B037），以及广西职业教育专业发展研究基地——广西职业教育智慧商科立体专业群发展研究基地的研究成果，由项目组主要成员胡博巍和邓慧敏主持编写，陆纯梅、李庆文、陈雪玲、罗羿寒、赵辉、刘丽欢、樊永生、马之华、农艳春等参加了编写工作。

本书的出版，为推动职业教育高质量发展提供了经验分享和交流的平台，相信在中国职业教育飞速发展的大浪潮下，我们会不断进步，更好地服务社会，助力提升职业教育形象。

编　者

2022年5月

目录

上篇 案例

构建全方位质量保证体系 培育现代商务国际化人才

广西国际商务职业技术学院　李庆文　樊永生

广西国际商务职业技术学院创建于1965年，是一所以培养适应现代商务事业发展需要的国际化应用人才为宗旨的公办全日制高等院校。学校先后荣获全国精神文明建设工作单位、全国青年创业示范园区等称号。

一、打造现代商务特色国际化人才培养体系

经过多年发展，学校构建起区域内具有一定影响力的现代商务特色国际化人才培养体系。学生就业创业竞争力明显提高，就业率保持在97%以上，连续18年获评全区普通高校毕业生就业创业工作突出单位，近3年来共为商务行业培养了近万名毕业生。

二、打造"五级进阶"实践教学体系

学校坚持校企合作"九个共同"——共同开展招生、研究专业设置，共同设计人才培养方案，共同开发课程，共同开发教材，共同组建教学团队，共同建设实训实习平台，共同管理学生，共同制定人才培养质量标准，共同安排实习就业。创造性地构建了包含教师发展五独（Special）、专业建设五力（Power）、学生成长五到（Achievement）、课程建设五度（Dimension）、学校发展五重（Emphasize）在内的"SPADE"五维质量保证体系，先后与多家科技公司、知名企业合作办学，并引入企业资金362.2万元，共建校内实训中心。

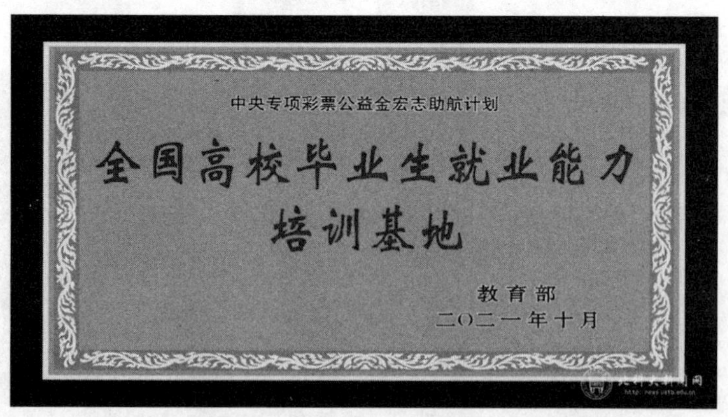

学校获批教育部全国高校毕业生就业能力培训基地

三、打造高质量教师队伍建设体系

近年来，通过内培外引，学校建设了一支结构合理、素质过硬的教师队伍。其中包括全国模范教师 1 人，全国优秀教师 1 人，自治区优秀教师 4 人，自治区级教学名师 2 人，自治区级优秀教学团队 3 个，自治区“新世纪十百千人才工程”第二层次人才 1 人。全校教师荣获“优秀教师”“优秀共产党员”等各类荣誉 20 多人次，参加校外各级各类竞赛获奖近 200 人次。

学校李向敏老师斩获广西壮族自治区第一届职业技能大赛货运代理赛项金牌

四、打造“商创融合”的创新创业教育体系

学校坚持将创新创业教育作为学校育人的本色，坚持“商创融合”的基本思路，形成以“基地建设＋创客培训＋项目孵化”为核心的创新创业教育体系，实现了教学系部与入园企业对接、人才培养与企业经营对接、教学资源与企业资源对接、校园文化与企业文化对接、创业园与社会对接的“五大对接”，取得了突出的创业育人成效。近 3 年来，学生创业项目“州游科技——全国会展站点防护解决方案”在第五届“互联网＋”大

学校学生获广西创业大赛第一名

学生创新创业大赛全国总决赛中获铜奖，“混沌数据”获第六届中国国际“互联网+”大学生创新创业大赛银奖。

学校获得 2021 年全国职业院校技能大赛高职组“创新创业”赛项团体三等奖

五、打造“一镇、二园、三中心”实训基地体系

学校坚持“校企共建+创新创业+成果共享”的原则，建设实体与虚拟平台相结合、实践与竞赛相融通的“商咖小镇”，打造桂商文化园和创新创业园，构建智慧商科专业群综合实训中心、广西商业大数据协同创新中心、“SPADE”标准应用研究中心，形成“一镇、二园、三中心”的整体布局。目前，学校拥有中央财政支持实训基地 3 个，自治区示范性实训基地 10 个，广西民族文化传承创新职业教育基地 1 个，校外实训基地 121 个。

六、打造“支商、伴商”的社会服务与培训体系

学校充分发挥在专业、人才、设施等方面的优势，开办了中国－东盟公共管理与地方治理研修班、中国－东盟农产品贸易研修班、中国－东盟物流产业发展研修班等。同时，学校还设立了首个海外分校——桂海商学院泰国分校，共接收了来自东盟国家 450 多名学生到校学习，为 22 个“一带一路”沿线国家培养了 200 多名留学生。

从“大水漫灌”到“精准滴灌”——基于“SPADE”学生发展模型资助体系的探索与实践

南宁职业技术学院　江小艳；广西国际商务职业技术学院　樊永生

一、案例背景

广西位于我国的西南边陲，长期以来广西作为欠发达地区，家庭经济困难学生的数量较多。南宁职业技术学院前身为创建于1984年的南宁职业大学，是由南宁市人民政府举办，自治区、南宁市共建的一所全日制综合性高等职业院校。2016年以来，学校入选“亚太职业院校影响力50强”“全国高职院校教学资源50强”“全国优质高职院校”，被授予首批“全国党建工作样板支部”、广西“三全”育人A类项目示范院校。目前，学校家庭经济困难学生占总人数的39%。近年来，学校建立了“奖、助、贷、勤、补、免”多位一体的资助体系，较好地解决了受助学生最基础、最迫切的生活和学习问题，取得了显著的成效。但是现行的家庭经济困难学生的资助模式仍是“输血式”，经济资助在一定层面上切实解决了家庭经济困难学生生活困难问题，但从培养全面发展、德才兼备的人才角度来说，这还远远不够。主要存在着以下几个问题：一是重经济脱困轻精神帮扶——重给钱，轻立人；二是重“输血”轻“造血”——只管眼前，未管持续；三是重单项规范轻综合推进——势单力薄，未形成合力；四是重条块分割轻体系构建——缺乏顶层设计，未形成多元立体；五是重普遍惠及轻精准识别——缺乏针对学生特点量身打造的贫困生资助体系。

二、主要做法

经过多年的探索与实践，学校以加入“SPADE”认证体系为契机，探讨构建更为合理、科学、全面的高职院校贫困生立体化资助体系。

（一）利用“SPADE”诊改信息平台进行大数据分析，实现“精准扶贫”

基于大数据的广泛应用，学校依托“SPADE”五维质量保证体系诊改信息平台，建立起“家庭经济困难学生建档立卡—四级审核—资助跟踪—结对帮扶—成效分析”的全流程动态跟踪机制，实现大数据分析平台实时可视化信息共享，为资助管理提供决策支持。通过与学生管理系统及成绩管理系统集成，对家庭经济困难学生日常行为、消费情况、学习动态、思想动态、心理健康等不同维度信息进行分析，对数据进行动态监测，对家庭经济困难学生数据库进行科学管理，区分经济困窘、学习困难、心理困扰、思想困惑等信息，利用大数据实现学生资助工作精准识别。此外，对因病或家庭遭遇意外等突发情况导致贫困的学生，通过大数据分析平台将家庭经济条件好转的学生给出标注信息，工作人员及时审核，对已不符合家庭经济困难学生认定条件的给予调整，真正实现“扶真贫”“真扶贫”。

（二）完善家庭经济困难学生精准资助“四大保障”体系

1. 学费保障体系

生源地助学贷款已经成为高职院校经济困难家庭学生学费来源的最主要保障渠道。学校通过宣传板报、专题讲座、“两微一端”等多种手段大力宣传国家助学贷款政策，让学生充分了解如何根据需要有效申请资助，保障顺利就学。同时，还建立了国家助学贷款本息催缴的奖励机制，加强学生的诚信教育，降低贷款违约风险。

2. 生活保障体系

国家助学金和勤工俭学是保障高职院校经济困难家庭学生生活的主要手段。学校严格审批和发放，确保“该资助的一个不能少”“不该资助的一个不能有”，实现精准资助。同时，学校还结合实际设置一定的勤工俭学岗位，让学生获得一定劳动报酬，缓解生活困难。

3. 学业激励体系

高职院校的各类奖学金多以“思想表现好，学习刻苦，积极进取，综合素质全面发展”为评选标准。然而，随着时代发展变化，学生的需求也趋于多样化，单一的榜样已经不能完全满足学生需求，因此，学校在学业激励中从多个方面发掘典型榜样。如：除了发掘学习成绩优异、技能高超、品格高尚等典型案例，也积极发掘多种先进事迹集中在一位学生身上的事例，以便在学生中产生更大的影响。

4. 特殊关爱体系

特殊困难补助学生资助体系中的一个不可或缺的重要内容是建立特殊关爱体系。该体系实现从“大水漫灌”到“精准滴灌”，从“普惠”到“特惠”，即在实现贫困大学生“普惠”的同时，还要为孤儿、单亲家庭子女、烈士子女、残疾学生、家庭遭遇重大变故的学生、受灾地区学生实施特殊困难重点资助，特殊关怀，实现“特惠”，如发放新生大礼包，设立绿色通道，发放特殊困难临时补助、回家路费等。

（三）实施家庭经济困难学生精准资助“四大育人”工程

1. 自强励志工程

学校依托“SPADE”“学生五到”模型，从关心家庭经济困难学生的健康发展出发，着力增强经济困难学生的自立自强意识和能力，通过成立“自强社团”，评选“自强之星”，以及开展“感恩·励志”教育报告会、励志读书月、励志大讲堂、“自强之路”征文比赛等活动，激发家庭经济困难学生内生动力，树立自立自强之志。

学校举办“巾帼心向党·奋进新时代”——2020年广西优秀成功女性进高校活动

2. 感恩教育工程

学校依托“SPADE”“学生五到”模型，结合两课的改革，运用形式多样、丰富多彩的教育形式，将感恩教育作为加强家庭经济困难学生思想道德建设和全面推进素质教育的一项重要任务，贯穿学校教育的全过程。同时，还以母亲节、教师节、重阳节为契机，开展感恩教育活动，创造感恩氛围，培养家庭经济困难学生感恩意识。

学校举办“资助育人 励志青春”主题晚会

3. 素质提升工程

学校依托“SPADE”“学生五到”模型,通过“走出去,引进来”,实施“职业技能培训”“优秀文化进校园”“爱心公益”“海外学习交流”等项目,提升学生的专业核心技能、文化艺术修养,拓宽学生国际化视野,增强学生核心竞争力,为服务“一带一路”倡议贡献力量,实现无偿资助与有偿资助、显性资助与隐性资助的有机融合。

4. 创新创业工程

学校依托“SPADE”“学生五到”模型,按照“职业能力+创业能力”的培养思路,依托大学生创业园,构建起“必修+选修”创业理论教学体系。同时,还建立了“指导中心+创业者协会+创业指导专家咨询团”创业指导体系,为家庭经济困难学生创业者提供“一站式”全程指导,解决他们创业初期的困难,最大限度提高家庭经济困难学生创业成功率。

(四)构建家庭经济困难学生“四大能力”平台

1. 构建家庭经济困难学生学习能力提升平台

学校依托“SPADE”“学生五到”模型,实行学业导师制,在家庭经济困难学生中开展“一对一”或“多对一”的帮扶活动,开展对家庭经济困难学生获取知识能力的帮扶,帮助家庭经济困难学生克服学习、生活和工作中遇到的各种困难。同时,还鼓励贫困大学生参加各种职业技能培训班和考取各类职业资格证书,并为他们减免各种培训费和考证费,以考促练,以练促学,增强贫困学生学习能力。

2. 构建家庭经济困难学生心理能力教育平台

学校依托“SPADE”“学生五到”模型,加强心理健康教育四级工作网络的建设和心理健康教育教师队伍的专业技能培训工作,建立健全学生心理健康档案和危机预警库;学校还以活动为载体,举办主题为“和谐你我,成就梦想”的大学生心理健康教育宣传系列活动,如心理潜能拓展训练、心理健康教育讲座、励志成长先进事迹报告会等,培养贫困学生正确的价值取向和积极进取的精神。

3. 构建社会交往能力发展平台

学校依托“SPADE”“学生五到”模型,结合家庭经济困难学生的专业特色和学生实际情况,有针对性地开展关于人际交往能力提升的培训会和专题讲座,帮助学生掌握必要的交际礼仪知识、语言表达技巧和人际交往能力。同时,学校还积极鼓励家庭经济困难学生参加各种学生社团和社会实践活动,提高贫困学生的社会交往能力。

4. 构建家庭经济困难学生就业能力训练平台

学校依托“SPADE”“学生五到”模型,根据家庭经济困难学生自身的特点,每个学期按照不同年级制订家庭经济困难学生就业指导教学计划，有针对性进行就业指导，帮助家庭经济困难学生克服自卑感，树立自信心，走出贫困心理的阴影。同时，学校还通过宣传栏、广播、校园网，以及微博、微信等形式，积极向家庭经济困难学生宣传国家有关就业政策和法规，并通过举办“大学生就业模拟招聘大赛”“大学生职业生涯规划大赛”和“大学生就业技能大赛”等赛事，帮助家庭经济困难学生提高就业竞争力。

三、取得成效

经过多年的探索与实践，学校在推进基于“SPADE”学生全面发展理念，完善高职院校学生资助体系的构建上取得了良好的成效，实现了从“大水漫灌”到“精准滴灌”“授之以鱼”到“授之以渔”的转变，家庭经济困难学生的综合素质、就业创业竞争力和获得感有了较大的提升。2021 年学校艺术设计学院辅导员赵娴老师、健康与旅游学院 2018 级体育运营与管理专业 1 班覃俏萍同学分别入选广西“最美资助人”典型人物和 2021 年广西“自强之星”学生励志典型人物。

广西“自强之星”学生励志典型人物代表与颁奖嘉宾合影

四、分析与启示

（一）高职教育内涵发展对大学生资助工作提出了更高的要求

我国高职教育已经从侧重规模、外延发展逐渐向内涵、质量发展转变，提高人才培养质量，加强内涵建设成为高职教育发展的新常态。学生资助工作是高职院校人才培养工作的重要组成部分，是促进教育公平和高等教育强国建设的重要支撑。新时代赋予了高职院校学生资助工作新的内涵，提出了新的要求，呈现出精准化和差异性、信息化和创新性、国际化和开放性等特征。新时代高职院校学生资助工作的实践路径要坚持习近平新时代中国特色社会主义思想的指导地位，建构“SPADE”学生全面发展的资助保障体系，推进无偿化向有偿化、显性化向隐性化、粗放化向精准化的转变，为提高人才培养质量做出应有的贡献。

（二）学生全面发展是做好大学生资助工作的前提

《国家中长期教育改革和发展规划纲要（2010—2020 年）》强调：“树立科学的质量观，把促进人的全面发展、适应社会需要作为衡量教育质量的根本标准。”因此，从学生全面发展的视角进一步完善高职院校学生资助体系，符合当前全面落实立德树人和教育发展规律的需要，可以多渠道满足学生“济困、扶志、培情、强能、帮职、助创”的需求。

（三）建立学生全面发展的资助保障体系是做好大学生资助工作的重要抓手

在当前推进乡村振兴战略和深化高等职业教育改革的新形势、新任务、新要求下，学生资助工作要把资助和育人有机融合起来，构建包括资金帮扶、能力拓展、道德浸润、精神激励、规范管理等方面的长效机制。高职院校要建立起“领导机构 + 职能部门 + 系部班级 + 学生社团”全员参与的保障机构：要建立起专职教师、辅导员、班主任、企业管理人员、学生干部专兼结合的资助工作队伍；要规范健全贫困认定、资金管理、考核评价、信息档案等制度机制；要结合学生的需求和新媒体的特点，打造学生易于接受的新模式、新方法；要多方建立政府下拨、学校自筹、企业赞助、校友捐赠等资金筹措来源；要构建家庭经济困难学生“学习能力 + 心理能力 + 社会交往能力 + 就业能力”四大能力平台。通过构建全面的资助保障体系，服务学生全面发展、成长成才。

以“SPADE”模型推进“四融四促”建设校园文化环境

无锡商业职业技术学院　王靖　叶东

一、摘要

“SPADE”模型是为提高学校教学水平和人才培养质量而构建的一个诊断模型。学校以“SPADE”模型为导向，紧紧围绕立德树人根本任务，以学生成长成才为校园文化环境建设的出发点和落脚点，大力实施具有商科高职院校特色的“四融四促”文化环境建设。即推动校园文化环境建设融进校园规划建设，促进环境建设系统高效；融入文化传承创新，促进环境文化内涵丰厚；融合文化载体建设，促进校园环境协调发展；融通美育课堂建设，促进环境显现育人功能。打造有格调、有内涵、有特色、有活力的浸润式校园文化环境，助推学校美育教育走深走实、提质增效，全面增强青年学生文化艺术综合素养，培养具有高尚道德情操、高雅审美意识和人文素养的时代新人。学校入选全国高职院校“育人成效50强”，获全国大学生艺术展演一等奖，师生斩获30余项文化类赛事奖项，获近100项文化类新型实用专利和外观专利。

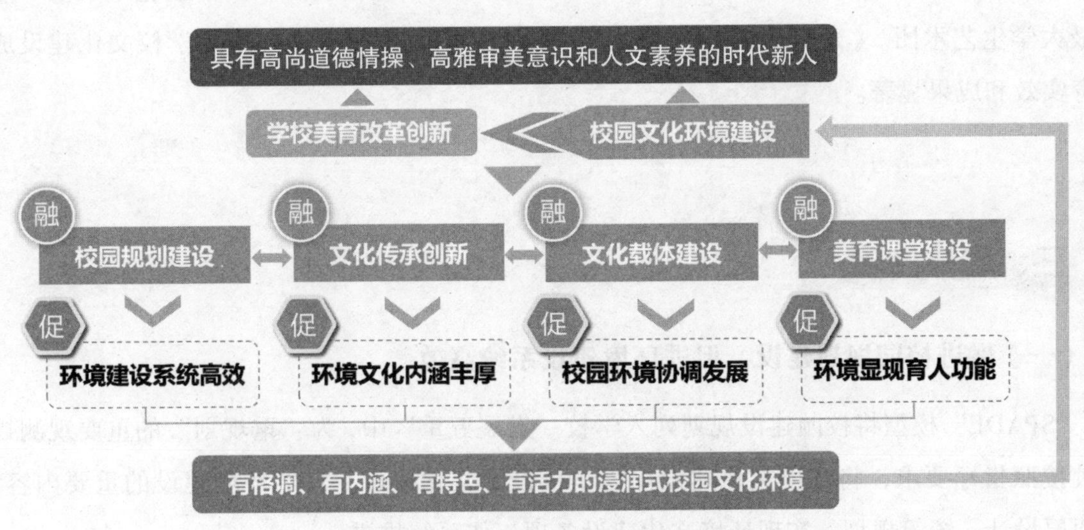

学校实施“四融四促”文化环境建设

二、导言

十九大报告明确提出：“优先发展教育事业，落实立德树人根本任务，发展素质教育。”全国教育大会强调，要坚持把立德树人作为根本任务，要坚持以美育人、以文化人，提高学生审美和人文素养，培养德智体美劳全面发展的社会主义建设者和接班人。

“SPADE”模型是广西国际商务职业技术学院在长期理论研究与实践探索的基础上，为提高学校教学水平和人才培养质量而构建的一个诊断模型。“SPADE”模型分为 5 个维度，将诊改与改进工作分解为一系列具体和可衡量的指标，其中，“S”指代教师发展五独（Special），“P”指代专业建设五力（Power），“A”指代学生成长五到（Achievement），“D”指代课程建设五度（Dimension），“E”指代学校发展五重（Emphasize）。其中，学校发展五重为校园文化建设提供了可操作的指标体系。作为校园文化重要组成部分，文化环境具有润物无声、潜移默化的育人功能。无锡商业职业技术学院不断探索创新校园文化环境建设新模式、新机制，立足地域文化特色以及学校办学特色，依托校园自然景观和文化资源，实施“四融四促”文化环境建设，充分挖掘校园环境美育教育资源，发挥环境文化育人重要作用。

目前，生态环境优美、人文内涵深厚的校园环境已然形成，学生传承弘扬中华优秀文化艺术的责任感和使命感不断增强，人文素质和艺术素养全面提升。学校连续三届获教育部高校校园文化建设优秀成果二等奖（全国高职院校唯一），先后获评江苏省首批非物质文化遗产研究基地、全国职业院校“非遗教育传承示范基地”“传统技艺传承示范基地”、教育部职业院校“一校一品”校园文化品牌示范基地、江苏省文明校园，获全国大学生艺术展演一等奖、省级大学生艺术团。《光明日报》《中国教育报》《新华日报》等媒体聚焦学校文化建设成果，美育实效和成果显著。

三、具体做法

（一）融进校园规划建设，促进环境建设系统高效

“SPADE”模型将校园建设规划列入学校“发展五重”中，为“重规划”的重要观测指标。学校按照指标要求，将环境文化建设作为学校校园文化建设、自然环境建设的重要内容，强化顶层设计、统筹规划，实现环境文化建设各项工作系统推进。

1. 融进学校文化建设，统筹谋划促落实

学校系统梳理学校文脉、挖掘文化积淀，把学生成长成才、教职工幸福发展作为校园文

化建设的出发点和落脚点，制定《校园文化建设总体规划方案》，成立文化建设领导小组及办公室，将校园文化环境建设作为校园文化建设重要内容，形成大学精神文化、校园环境文化、场馆载体文化、精品活动文化“四位一体”的文化建设格局；制定《美育工作方案》，明确加强校园文化环境的育人功能，构建雅致优美的校园文化氛围，通过不断完善制度、规范流程、落实责任，确保稳步推进校园文化环境建设。

2. 融进校园自然环境建设，系统美化促提升

学校结合校园整体规划，坚持将环境文化建设与园林造景、自然环境建设相结合，从营造“灵、秀、雅”的校园生态环境出发，精心打造了尚湖、澄心岛、梅林、紫园等校园文化景观，形成主题特色鲜明、生态环境优美、人文内涵深厚的校园环境。学校现有绿化面积 54.67 万㎡，绿地率 51.57% ，绿化覆盖面积 65.6 万㎡，绿化覆盖率 61.89%，实现校园环境以美感人、以景育人、以文化人的重要作用。学校获评“江苏省文明校园”“无锡市园林式单位”。

（二）融入文化传承创新，促进环境文化内涵丰厚

“SPADE”模型将重制度列为学校“发展五重”之一。在推进校园文化环境建设的过程中，学校始终以社会主义核心价值观为引领，坚持赓续地方文化根脉，紧抓高职教育主旨，立足学校自身特色，构建以中华优秀传统文化、商业文化、创新创业文化为特色的校园文化体系，并将其全方位融入环境文化建设，不断丰厚环境文化内涵，彰显环境文化特色。

1. 厚植地域文化底蕴

系统梳理并提炼中华优秀传统文化、地域文化中与职业教育特色、学校办学定位、人才培养目标相契合的内容，融汇到课程、环境、活动、服务、管理等方面。建设江苏省非遗文化基地——成蹊园、传统文化技艺协同创新中心、江南饮食文化博物馆、商贸文化馆等文化场所，已成为宣传展示吴地传统文化的主要阵地和窗口。

学校建有江苏省非遗文化基地——成蹊园

建成国家级非遗传承人喻湘涟大师泥塑工作室、锡韵工作坊、染碧坊、吴文化服饰工作坊等 7 个与地方非遗文化相关的技能大师工作坊，提升校园文化品质和师生文化品格。锡韵创意工作坊荣获第五届全国大学生艺术展演一等奖。

亚太地区手工艺大师、中国工艺美术大师、学校名誉教授喻湘涟亲传技艺

2. **凸显学校精神文化**

“SPADE”模型中，学生“成长五到”是重要的检测指标。“素质修到”是“成长五到”之一，包括价值观、职业素养、身体素质、心理素质等方面。其中：价值观包含爱国精神、遵纪守法、劳动态度、诚信友善 4 个观测点，职业素养包含工匠精神、社会适应能力、爱岗敬业、职业道德、社会责任感和使命感 5 个观测点。围绕指标体系，学校广泛征集、精心凝练，确定包括校训、办学方针、发展理念、校风、教风以及学风在内的学校精神文化体系。围绕“德为魂、商为特”，以校训“崇德勤学、敬业强能”命名主干道——“崇德路”、主广场——“勤学广场”，凸显学校核心价值理念；打造“梅林”景观区，应和学校校标主体梅花元素及“艰苦创业、自强不息、敢为人先、追求卓越”的商院精神；打造紫薇、马鞭草“紫园”花海，应和学校“商院紫”主题色；以“尚湖”命名学校中心湖泊，意为商院之湖，期望师生达到“上善若水”的境界，拥有如水一样的高尚品德。

此外，学校打造校训墙、文化石，在教学楼、教室、宿舍张贴校风、教风、学风标识，统一学校形象标识系统、楼宇标识标牌，系统优化教学楼、实训室、体育馆、宿舍区、运动场等公共区域环境，形成凸显学校精神文化元素的环境。

校园文化廊

（三）融合文化载体建设，促进校园环境协调发展

1. 打造多元文化载体，构筑软硬结合的美育环境

建成校史馆、师生艺术作品展览馆、传统文化技艺协同创新中心、成蹊园、创新创业展示中心、江南饮食文化博物馆等六大文化教育场馆，建成苏商文化数字 3D 博物馆，建设商贸文化馆，形成多元化文化教育场馆群。打造清风廊、校园工匠文化长廊等校园文化长廊，“春风化雨”雕塑、商贸名人雕塑等文化雕塑，设立宣传社会主义核心价值观、教育名言等的文化小景，营造处处有美景、处处是文化的校园文化氛围。

2. 以文化场馆为载体，举办丰富的文化艺术教育活动

学校整合并共建共享政行企校多方特色文化资源，定期举办书法、惠山泥人、扎染等一系列文化体验活动，有计划地开展校史校情教育、文化艺术知识宣传普及、师生艺术作品展示、文化艺术体验及大师精品作品展览等特色活动。学校名誉教授、亚太手工艺大师喻湘涟的泥塑艺术工作室，2019 年入选教育部全国高等职业教育创新发展行动计划（2015—2018 年）技能大师工作室。

学校传统文化技艺协同创新中心

3. 清朗网络环境，打造原创网络文化作品

不断优化网络课程资源，着力加强学校“一网两微多平台”立体宣传矩阵建设，充分利用网站、新媒体平台等形式，打造能够体现时代精神、具有学校特色、品位高雅的网络文化作品，原创制作商院版《南山南》等正能量网络文化作品，多次进入全国百所高职院校官微每周排行榜前 50 名，《同侪书院 · 节气歌》入选江苏省第三届网络文化产品创作征集活动重点项目。

原创网络文化作品

（四）融通美育课堂建设，促进环境显现育人功能

学校将美育贯通三大课堂，即课堂教学（第一课堂）、校园活动（第二课堂）、社会实践（第三课堂），强化各课堂美育能力建设，推动课堂与校园环境之间互联互通，提升以美育人成效。学校连续三届获得教育部高校校园文化成果二等奖，是全国唯一获此殊荣的高职院校。

1. 课堂教学加强美育课程建设

学校重构培养目标、专业标准、课程体系，开设“非物质文化遗产专题设计”“吴文化”“惠山泥人”等文化类课程，并嵌入人才培养方案，推进影视鉴赏、戏剧鉴赏、戏曲鉴赏等公共艺术限定性选修课建设，成立传统文化和现代学徒制相结合的非遗学徒班，充分发挥课堂教学主渠道作用，提高学生艺术素养和人文素养。

2. **校园活动创新活动形式**

学校系统设计贯通三年、常态化开展的“五堂两营七活动”“四节三赛两会”等校园活动，邀请大师名家进“商苑大讲堂”“百花讲坛”讲文化、传技艺，打造汉风社、国学社等文化艺术类学生社团，开展读书文化节、社团文化节、“商苑之春”文艺汇演、“传统国学经典传唱”“高雅艺术进校园”等高水准的精品校园文化活动，创新打造“锡商颂”舞剧等一批能够体现文化积淀、凝聚文化特色的校园文化活动品牌。深入实施“一院一品”文化建设工程，引导二级学院紧密结合专业及人才培养特点，开发了系列具有商院鲜明特色、适应高职学生特点的文化艺术活动，如商科专业推行“优秀企业文化”融入校园职业文化、会计专业重点培育“诚信文化”、工科专业实施匠心育人工程。

学校读书文化节暨社团文化节

3. **社会实践推进多方协同育人**

学校紧抓高职教育特点，牵头组建全国、江苏省商贸职教集团等平台，将优秀企业文化植入校园职业文化，开展具有职教特色的文化艺术实践活动；广泛开展文化艺术服务、美丽中国实践等主题社会实践与志愿服务活动，开设“传递文化力量”暑期社会实践专门项目。此外，学校优化学生素质教育学分认定管理等，打通文化艺术类项目参赛获奖成果与第一、第二课堂学分转换通道，激发学生参与文化艺术实践的主动性。

学校文化体验活动

四、工作成效与社会影响

（一）学生文化素质与艺术素养显著提升

近年来，学校校园美育文化环境品质提升、文化氛围浓厚，师生的幸福感和满意度大幅提高。文化艺术类课程、文化社团及“我是非遗传承人”、系列文化节等文化艺术教育活动吸引了越来越多的学生参与，学生文化素质、艺术素养与学生技能同步提升。学校两次荣获“江苏省高技能人才摇篮奖”，入选全国高职院校“育人成效50强”，获全国大学生艺术展演一等奖，师生创作的非遗主题文创作品先后在全国、江苏省的文化赛事中斩获30余项奖项，获近100项新型实用专利和外观专利。“三堂融通、三段培养、四轮驱动：文化育人与职业素养教育融通模式探索与实践”教学成果获2019年无锡市教学成果一等奖。

（二）建设成果成效凸显

学校精心培育、着力打造的文化艺术育人品牌项目吸引了广大学生积极参与，形成了具有广泛推广价值、可持续推进的先进经验和典型做法。学校连续三届获教育部高校校园文化建设优秀成果二等奖（全国唯一一所高职院校）。学校名誉教授、亚太手工艺大师喻湘涟的泥塑艺术工作室，被教育部全国高等职业教育创新发展行动计划（2015—2018年）认定为国家级技能大师工作室。学校成为教育部职业院校文化素质教育指导委员会文化传承与创新专门委员会主任委员单位，获评江苏省首批非物质文化遗产研究基地、全国职业院校“非遗教育传承示范基地”“传统技艺传承示范基地”，教育部职业院校“一校一品”校园文化品牌示范基地，江苏省文明校园。

（三）辐射带动效应显著

全国职业院校传统技艺展示活动

主流媒体广泛关注。近年来，《光明日报》《中国教育报》《新华日报》及新华网、光明网、中国新闻网、江苏省教育厅等权威媒体多角度报道学校中华优秀传统文化教育、校园文化建设等特色亮点工作和典型成效 20 余次。江苏省教育频道来校进行文化传承创新专题采风。中国新闻网来校开展的惠山泥人传承主题直播观看人数近 100 万人次。

社会影响持续凸显。学校牵头举办首届全国职业院校技艺传承与发展研讨会，组织承办全国职业院校传统技艺展示活动，吸引来自全国近百所职业院校的领导、专家、非遗大师等 400 余人参会，全国 25 所职业院校的 42 个传统技艺项目进行现场展示，共有 5000 余人到场参观,大会规模空前,影响广泛。学校作为高职院校唯一代表在全省高校党建工作会议上以“落实立德树人根本任务 系统建构文化育人体系”为题作交流发言，全面系统介绍学校文化建设工作举措和经验成果。

学校基于“SPADE”模型的高校美育改革创新工作中校园文化环境育人实践，构建大学精神文化、校园环境文化、场馆载体文化、精品活动文化“四位一体”的文化建设格局，丰富了结合地方非遗文化底蕴与学校精神文化特色的校园环境文化内涵，打造了全域覆盖、多元呈现的校园美育环境，创新了与校园环境互联互通、全员参与的美育课堂，形成了有格调、有内涵、有特色、有活力的浸润式校园文化环境，切实助推学校美育教育成效，具有很强的可复制、可推广、可持续性，相关成果受到广泛认可和关注。

“SPADE”体系助推商文化育人体系创新与实践

浙江商业职业技术学院　俞涔

教育的核心是立德树人，关键在培根铸魂。浙江商业职业技术学院立足110年商科办学的历史积淀，秉承中华优秀传统文化与百年商教优势相交融的理念，将中华传统文化、浙江地域文化、商业产业文化和学校特色文化等各类文化因子有机融合，强化特色文化育人与思想政治教育、专业课程体系的深度融通，借鉴“SPADE”五维质量保证体系标准，形成“浙江特色·校本品牌·思政融合”的商文化育人体系，推进多维度教学活动，引导学生理解商业伦理、经商之道、商人的处世哲学，培养有德行、懂管理、会经营的商科技术技能人才。

一、求根溯源，夯实商业文化理论基础

商业文化中包含着深厚悠久的哲学传统和思想精髓。从商圣范蠡“散财济民”到王充“实事疾妄”，从叶适“以利合义”到王阳明、黄宗羲的“工商皆本”，从永嘉“事功”学派到胡庆余堂“戒欺”百年祖训，先人始终秉承着“义利相和”“求实疾虚”“知行合一”“求真务实”的哲学思想与崇儒的经商传统。学校从“古、今、人、文、魂”五个维度对我国数千年的商业发展进程进行了梳理，将中国商人“爱国、敬业、诚信、友善”的优秀基因融入育人体系，培养学生以爱国主义为核心的民族精神、以改革创新为核心的时代精神和以自强不息为核心的宝贵品格，先后出版《中华商文化》《浙商文化教程》《中华商文化：传承与创新》等著作6本，其中包括国家十三五规划教材1本，浙江省新形态教材2本。

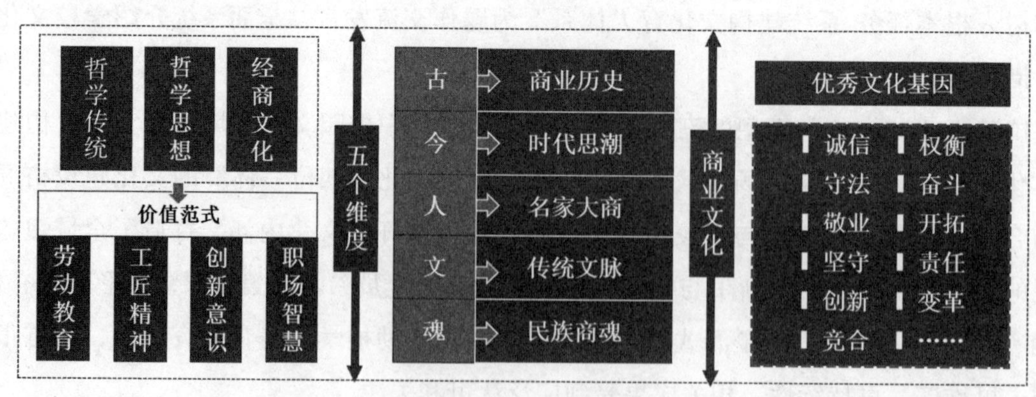

学校商文化育人体系

二、与时俱进，挖掘浙商精神思想内涵

浙商是浙江最珍贵、最有潜力的战略资源，依托"三个地"优势，浙江经济发展动力强劲，取得了有目共睹的巨大成就。从传统四千精神"历经千辛万苦，说尽千言万语，走遍千山万水，想尽千方百计"、两板文化"白天当老板，晚上睡地板"，到新四千精神"千方百计提升品牌，千方百计开拓市场，千方百计自主创新，千方百计改善管理"、新时代浙商精神"坚忍不拔的创业精神，敢为人先的创新精神，兴业报国的担当精神，开放大气的合作精神，诚信守法的法治精神，追求卓越的奋斗精神"，浙商精神的内涵在传承中创新。学校聚焦新时代浙商所表现出的"义利并举的家国情怀""胸怀全球的世界视野""敢于变革的创新品质"，从"根脉""魂魄""神韵"三个维度提炼了新时代企业家精神主要内容。围绕这一主题，出版著作《浙商文化与新时代浙商精神概说》，主持完成省哲社课题 2 项。

三、一以贯之，打造特色文化生态系统

无论是传统商业文化，还是内涵不断丰富的浙商精神，这些抽象的内容都有着鲜活的人物素材和实践素材，应该成为商科学生思想政治教育中的重要内容。学校紧扣立德树人主题和课程思政主线，通过"构建体系—创设载体—落实具体"三个步骤构建全过程的商科特色文化育人生态系统。

（一）构建体系

文化育人是一项基础性的系统工程，需要有一个基本的体系才能系统推进。项目统筹推进活动育人、实践育人和环境育人，在课堂教学、社团活动、校园文化、专业文化、师资队伍、社会实践等方面全面推进，实施课程浸润担当、实践联动跟进、商业文化固本的文化育人机制体系。

（二）创设载体

通过对内容框架、实施路径、体制机制、保障措施的系统设计，探索整体推进的工作载体与机制。以"浙商文化"课程建设为抓手，以产教融合校企人才双向交流为平台拓展实践教学，使文化育人真正落到实处，取得实效。

（三）落实具体

文化育人的最终成效要落实到具体教学活动中。学校通过云课堂打造线上线下混合式教学模式，同步建设高水平数字资源和立体化新形态教材，实现"线下课堂 + 线上平台 + 实践活动"课堂内外"全融通"；通过"一院一品 + 一楼一品 + 一室一品"等校园文化建设完成空

间文化“全覆盖”；通过“校内优师＋校外名师＋企业导师”体现师资“全共享”。以“浙商文化”课程为依托的教学设计作品和教学团队 2 次获得浙江省高职院校教学能力比赛一等奖、全国职业院校技能大赛教学能力比赛二等奖、浙江省“互联网＋教学”优秀案例评比特等奖、国家级课程思政示范课程、教学名师和团队。

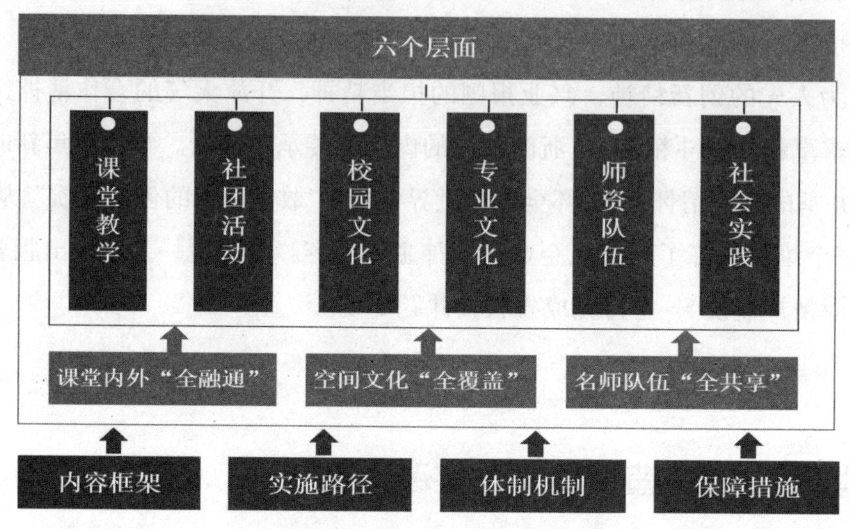

学校商科特色文化育人生态系统

四、上下求索，开展特色文化育人实践

开展“五维度四阶段”的商科特色文化育人实践活动。五维度：一是以“核心价值观”为引领，用改革创新的时代文化感召人；二是以“兴业报国”为旗帜，用担当的红色文化鼓舞人；三是以“工匠精神”为核心，用勤毅的职业文化塑造人；四是以“仁和诚朴”为基点，用优秀的传统文化浸润人；五是以“地域人文”为养分，用凝练的地域文化熏陶人。四阶段指“塑行、强能、致用、铸魂”的文化育人递进式推进路径。学校在育人实践过程中，开展了系列丰富多彩的教学活动。比如：每周商业播报，拓展商业知识，提升学生对信息的筛选、整合、分析能力和表达能力；商人故事讲授，引导学生对奋斗、创新、转型、担当等素养的理解；摄影作品画展，通过镜头描绘，启发学生对“幸福生活来源”的思考；学长连线，增强学生对职业岗位素养的了解；商业文化明信片（由上一届学长的作业制作而成），作为激励手段派发给优秀学生，同时体现文化传承；四格“画”商活动，提升学生对商文化的梳理、凝练、呈现能力；“全媒派 · 商业文化短视频达人秀”，将学生转变为商文化的践行者。

学校商科特色文化育人实践活动

“浙江特色·校本品牌·思政融合”的商文化育人体系创新与实践，与学校“商通天下，文传古今”的百年商教初心同频共振，有益于凸显学校“百年商教”的办学定位、“诚毅勤朴”的校训文化、“敬商立业”的使命担当，被不断赋予新的时代内涵，夯实了学校特色商教根基。

对标"SPADE" 推动"岗课证赛"深融合——以柳州城市职业学院"税法与纳税实务"课程改革为例

柳州城市职业学院　李婷婷

一、背景

"1+X"证书制度是《国家职业教育改革实施方案》确定的一项重要改革举措，是职业教育领域的一项重大制度创新。学校积极响应教育部门号召，积极申报"1+X"项目，2020年成为航天信息股份有限公司推出的金税财务应用职业技能等级证书（初级）试点单位。证书培训内容涵盖财务和税务两大领域，学生可以掌握真实经济业务下的财务处理和涉税管理，实现了财务和税务的无缝对接，增强了实践技能。同时，学校也是"SPADE"五维质量保证体系建设的联盟单位。为更好地推行"SPADE"标准、推进"1+X"证书试点工作，学校会计专业对照"SPADE"中"D"（课程建设五度）的"课程内容创新度"标准，深入推进"岗课证赛"融合，有效提高人才培养的质量。

二、做法

基于上述背景，课程团队秉承"融合、创新"理念，以"1+X"证书试点工作为契机，以"SPADE"建设标准为参照，以"税法与纳税实务"课程改革为着力点，经过一年多的探索与实践，初步形成了柳州城市职业学院"税法与纳税实务""岗课证赛"融合联动模式。

（一）职业认证内容与专业课程教学相融合

1. 职业认证内容有机融入教学内容

教育部《关于深化职业教育教学改革全面提高人才培养质量的若干意见》明确提出：职业院校要加强与职业技能鉴定机构、行业企业的合作，积极推行"双证书"制度，把职业岗位所需要的知识、技能和职业素养融入相关专业教学中，将相关课程考试考核与职业技能鉴定合并进行。获批试点之后，课程团队邀请了证书评价机构航天信息股份有限公司区域项目经理到校开展指导,针对试点项目内容进行研讨,试点培训内容与"税法与纳税实务"课程"增值税纳税申报"模块实务工作对接，较好地实现了原有学历教育人才培养方案设定课程相关内容与试点证书教学内容的对接融合。评价机构提供的实操平台为国家税务总局指定使用的官方操作平台教学版，能够为课程实训所用，对提升学生纳税申报技能十分有帮助。

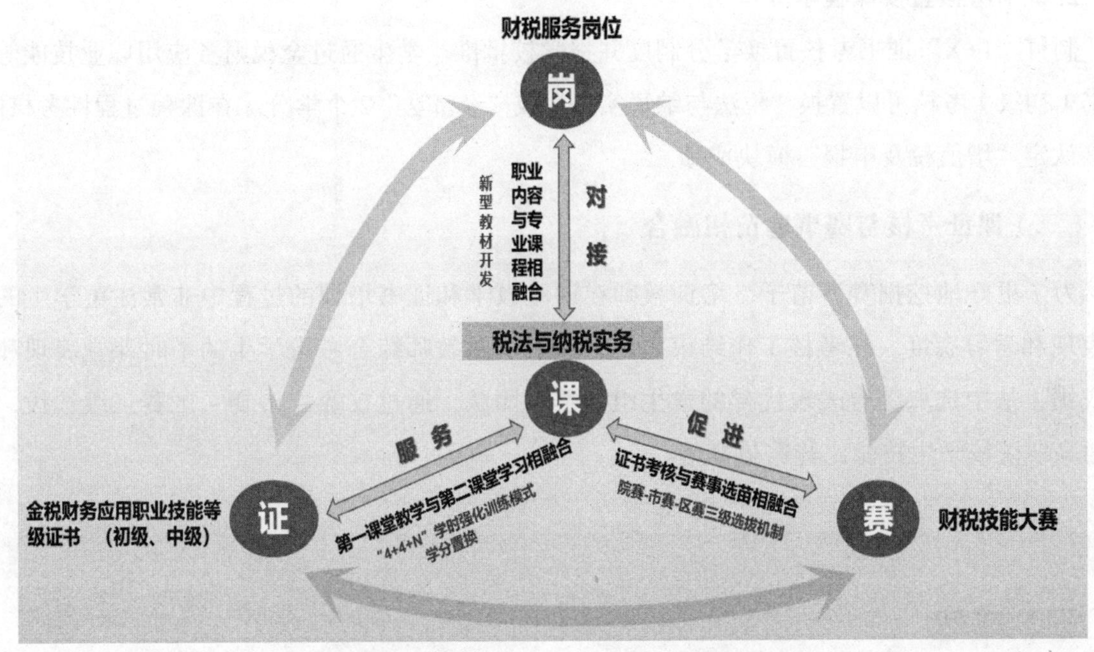

"税法与纳税实务" "岗课证赛"融合联动模式

2. 应对财税制度新变化编写活页式校本教材

编写校本教材是课程建设的重要内容。开发校本教材有利于学生主体性的发展，真正满足学生个性化发展的需要。"税法与纳税实务"是会计专业的核心课程，因其课程的实效性和政策性，编写校本教材就显得格外重要。采用活页式教材形式，可以根据动态变化的财税政策对课程模块进行适时调整，"1+X"证书内容亦能有效融入校本教材中。校本教材的编写得到了行业企业专家的大力支持，并于 2021 年 11 月顺利完成编写。

（二）课堂教学组织与证书考核安排相融合

1. 第一课堂教学与第二课堂学习相融合

由于试点名额有限，为解决试点 200 人与其他非试点学生的教学组织问题，经过集体研讨，采用"4+4+N"学时强化训练模式开展课证融通。第一个"4"代表人才培养方案中"税法与纳税实务"课程第一课堂的 4 学时，试点学生可以在课堂上先学习税法理论知识，与其他非试点学生一道进行课程的基本实训练习。第二个"4"代表着周六、周日集中授课强化学习的

4 课时。周末，在证书培训导师的指导下，试点学生在第二课堂使用航信公司提供的实操平台开展模拟案例实训操练，固化职业能力养成成果。“N”代表着周一至周五下午非上课时段自主训练 N 学时。这是课堂教学的延伸，也是学生自主学习能力培养的时机。试点项目团队协调制定实训室开放时间表，学生安排训练，完成课堂未完成的任务或复习训练。

2. 证书考核置换课程学分

制订“1+X”证书考核置换学分制度并报学校批准。学生通过金税财务应用职业技能等级证书（初级）考核可以置换“税法与纳税实务”或“经济法”2 个学分。在课程过程性考核中，直接认定“增值税及申报”模块成绩。

（三）课证考核与赛事选苗相融合

为了更好地挖掘赛事苗子，培训教师在课堂教学和证书培训的过程中非常注重学生的平时表现和学习态度。在考核工作结束之后，项目团队教师综合考量学生的平时课堂表现和考试成绩，从中选取综合表现优异的学生组建赛事团队，通过校赛 – 市赛 – 区赛三级选拔，为广西高职院校学生技能比赛选苗育苗。

三、成效

（一）学生考核通过率名列广西前茅

2020 年广西壮族自治区教育厅给学院审批金税财务应用职业技能等级证书（初级）200 个试点指标。为了高质量完成教育厅审批的指标，系部成立了专门的“1+X”办公室，负责系部的“1+X”管理工作，专业教研室通过笔试选拔出 200 名学生参加培训考核，并配备教学经验丰富的教授作为培训讲师。2020 年 200 名学生全部参加了考核，通过 196 人，考证通过率高达 98%，位列广西试点院校前茅。

（二）课证融通辐射效果好

金税财务应用职业技能等级证书（初级）与“税法与纳税实务”的有效融通成为学校经济管理系课证融通的典范，并在学校组织的课程融通专项课题申报中获得立项，成为会计专业真正意义上的课证融通课程。这为会计专业专业课中的“基础会计”“企业财务会计”和“经济法”三门课程与会计初级考试融通提供了新的思路。2019 级会计专业学生参加会计初级考证一次性通过率达到了 35%，个别班级达到了 60%，创历史新高。同时，也为经济管理系电子商务专业和市场营销专业的课证融通提供了经验借鉴。

（三）证赛融通提高竞赛成绩

通过“1+X”证书培训为学生技能大赛选苗育苗，并形成动态考核淘汰机制，保证学生技能大赛团队成员的质量。同时，“1+X”证书培训内容与技能大赛内容相吻合，实现了证赛融通。通过实施证书和技能大赛相融通激励了学生的学习兴趣，也提高了竞赛成绩。学生参加2020年和2021年广西职业院校技能比赛，在税务类赛项中分别获得一等奖和二等级，证赛融通效果明显。

（四）证岗融通历练学生专业技能

“1+X”证书培训内容与学生大三阶段的顶岗实习岗位内容匹配度高，尤其是证书培训的增值税模块与企业的抄报税场景完全一致，真正实现了在校学习和在岗实习的无缝对接。大三学生在“顶岗实习管理平台”以周记的形式反馈在校期间“1+X”证书培训的实用性，证岗融通效果好。

四、亮点

（一）专业技能：“岗课证赛”一体化

金税财务应用职业技能等级证书（初级）的实施有效推进了“课证赛岗”一体化。其一，证书培训内容有效植入“税法与纳税实务”课程，课程服务于证书，证书反哺课程，实现课证融合；其二，通过“1+X”证书的实施，为技能大赛选苗育苗，且“1+X”证书培训内容与技能大赛的财税模块高度契合，实现证赛融合；其三，“1+X”证书培训内容完全贴合学生顶岗实习内容，与企业真实的财税工作场景高度一致，实现证岗融合。

（二）职业素养：“课程思政”理念化

会计专业以“1+X”证书考核为契机，教学团队充分挖掘其中蕴含的课程思政元素，应用于“税法与纳税实务”课程教学中。一方面，把职业素养和考核标准融入课堂，将财会人员“诚实守信、爱岗敬业、不做假账”的职业理念落到实处。另一方面，教学模式的改革让原本单调枯燥的税法课堂变得生动活泼，教学质量大为提高，在向学生传授知识的同时，也提升了学生在未来职场的职业道德。

五、启示

在实施“1+X”证书培训的过程中,对“岗课证赛”融合有了全新理解。一是要做好“岗”和“课”的融合。“岗”决定“课”的授课内容,“课”影响“岗”的人才需求。岗位入职需要“证”,课的质量可用“证”进行评价。二是将“证”考试标准纳入课程改革中,重构课程内容。在讲授应知教学内容的同时,增加“证”的相关内容,增强学生获得“证”的机会,为工作岗位获得入门资格。三是要做好“课”和“赛”的融合。“赛”是对“课”的效果检验,“课”是对“赛”的能力培养。一方面,融赛入课,将技能大赛融入课堂授课中,培养学生实践能力。另一方面,要以赛促改。竞赛是为了激发师生的斗志,更好地促进教师改革教学手段和学生回归学习的本位,以此来发现人才培养中的问题,进而评价人才的综合素质。四是要做好“赛”和“岗”的融合。“岗”为“赛”提供了创意方向,“赛”为“岗”提供了创新动力。学生的创意和实践能力源于在校企合作和产教融合中的顶岗实习,教师组织学生参赛,其实质是企业需求的一种创新,学生参赛作品则是企业需求的一种创意。大赛为高校人才培养提供了展示的机会,为企业提供了创新的平台,二者的有机结合必然会产生正效应。总之,“岗课证赛”各环节相辅相成、相互融合、相互影响,可以更好地提高人才培养质量,实现专业办学的内涵式发展。

“SPADE”引领，目标标准双驱动，建设高素质专业化创新型教师队伍

广西国际商务职业技术学院　徐福林

根据《教育部办公厅关于建立职业院校教学工作诊断与改进制度的通知》（教职成厅〔2015〕2 号）、《高等职业院校内部质量保证体系诊断与改进指导方案》（教职成司函〔2015〕168 号）、《关于全面推进职业院校教学工作诊断与改进制度建设的通知》（教职成司函〔2017〕56 号），以及自治区对高等职业院校内部质量保证体系诊断与改进工作的要求，广西国际商务职业技术学院以原创的“SPADE”五维质量保证体系为引领，全面开展内部质量保证体系诊断与改进工作，建立常态化、可持续的诊断与改进工作机制，构建教师发展“五独”模型与指标体系，以目标标准为双驱动，以大数据平台为支撑，全面建设高素质专业化创新型教师队伍。

一、主要经验

（一）打造“SPADE”五维质量保证体系，做实教师发展“五独”模型与指标体系

学校在改革发展中，创造性地打造了“SPADE”五维质量保证体系。这一质量保证体系的理念是学生中心、目标导向、持续改进。

“SPADE”取自教师、专业、学生、课程、学校五个层面维度关键词首写字母的组合，每个层面均包含五个维度。

教师层面是“五独”（Special），专业层面是“五力”（Power），学生层面是“五到”（Achievement），课程层面是“五度”（Dimension），学校层面是“五重”（Emphasize），共设立了 100 个诊断点，355 个观测点。

以“SPADE”五维质量保证体系为引领，在教师层面构建了教师发展“五独”模型，要求做到“五独”，即育人情操特高、教学能力特强、教师魅力特有、科研能力特优、仁爱之心特显。教师发展“五独”模型设置了 19 个诊断点，包括师德师风、教育情怀、教学设计能力、教学组织能力、教学执行能力、技能应用能力、整合能力、创新思维、科研水平、成果推广、团队协作、职业素养、扎实学识、影响力、感染力、仁心、爱心、耐心、细心。

围绕教师发展“五独”模型，构建教师发展指标体系，设置了58个观测点。其中，育人情操特高6个观测点，教学能力特强19个观测点，科研能力特优11个观测点，教师魅力特有13个观测点，仁爱之心特显9个观测点。

现代流通学院尹上梓老师参加教师说“五独”活动

（二）打造质量文化，做优教师发展目标标准体系

聚焦思想政治教育、课堂教学、课程建设、专业建设、企业实践等人才培养工作，厚植教师质量意识，引导教师树立质量观念。

通过SWOT分析，把握教师队伍建设的优势与劣势、机会与威胁，对标区内外标杆院校教师队伍，充分借鉴区内外标杆院校教师队伍建设的先进经验做法，准确定位，找差距，根据学校“十四五”发展规划，考虑“十三五”期间未完成目标，结合学校实际，制定教师队伍“十四五”规划目标和11个二级学院教师队伍“十四五”规划目标。

结合学校实际和年度党政工作要点，把教师队伍“十四五”规划目标按年度分解到各二级学院，各二级学院把教师队伍建设的年度目标分解到教师个人。教师个人在对自身进行SWOT分析的基础上，根据学校教师队伍“十四五”规划目标、二级学院教师队伍“十四五”规划目标，结合个人实际，制定个人“十四五”规划目标和年度目标。

基于教师发展“五独”模型，制定了“五独”教师发展评估体系，设置了5个一级指标，9个二级指标，19个三级指标，每个指标赋予不同的分值。

基于教师发展“五独”模型制定了A级教师认定标准。A级教师，分为3A教师、4A教师、5A教师。A级教师必须同时满足政治思想、师德师风等基本条件和教学、科研等方面的拓展条件。

基于教师发展“五独”模型制定了育人情操、教学能力、科研能力、教师魅力、仁爱之心等五个方面的标准。师德师风建设标准，包括师德标兵评选标准和师德先进个人评选标准。

教师教学能力提高标准，包括新教师入职标准、教学新秀遴选标准、骨干教师遴选标准、教学名师遴选标准、专业带头人遴选标准、高水平教学团队遴选标准等。教师魅力提升标准，包括教师社会实践锻炼办法、“双师型”教师认定标准、专业技术资格评审（认定）办法等。科研能力提升标准，包括高水平科研团队遴选标准等。思想政治教育工作队伍建设标准，包括思政课专任教师任职标准、优秀学生辅导员评选标准、班主任选聘标准、优秀班主任评选标准等。

2021—2022 学年秋季学期马克思主义学院对标开展第一次集体备课

（三）打造“SPADE”五维质量保证体系诊改平台，做强教师发展数据支撑

学校打造“SPADE”五维质量保证体系诊改平台，对未达目标进度值的教师进行实时监测与预警。“SPADE”五维质量保证体系诊改平台集中了教师发展目标相关数据，如教师基本信息、教师个人“十四五”规划目标、教师个人年度规划目标、教师发展的年度标志性成果和主要措施。

“SPADE”五维质量保证体系诊改平台根据实时采集的各二级学院教师队伍建设数据和教师个人目标完成数据，构建起目标完成情况雷达图、教师画像等，呈现各二级学院教师队伍建设和教师个人的目标完成进度。在“SPADE”五维质量保证体系诊改平台，每月生成一次教师层面诊改报告，对月度未达目标进度值的教师进行汇总。根据诊改报告数据，对各二级学院教师队伍建设工作提出预警，督促各二级学院加快完成月度目标。教师根据诊改平台的预警和个人实际，及时采集数据和提供佐证材料，加快目标进度。在 A 级教师认定中依托“SPADE”五维质量保证体系诊改平台数据，提高教师评价的综合性、公平性，提高教师评价效率。

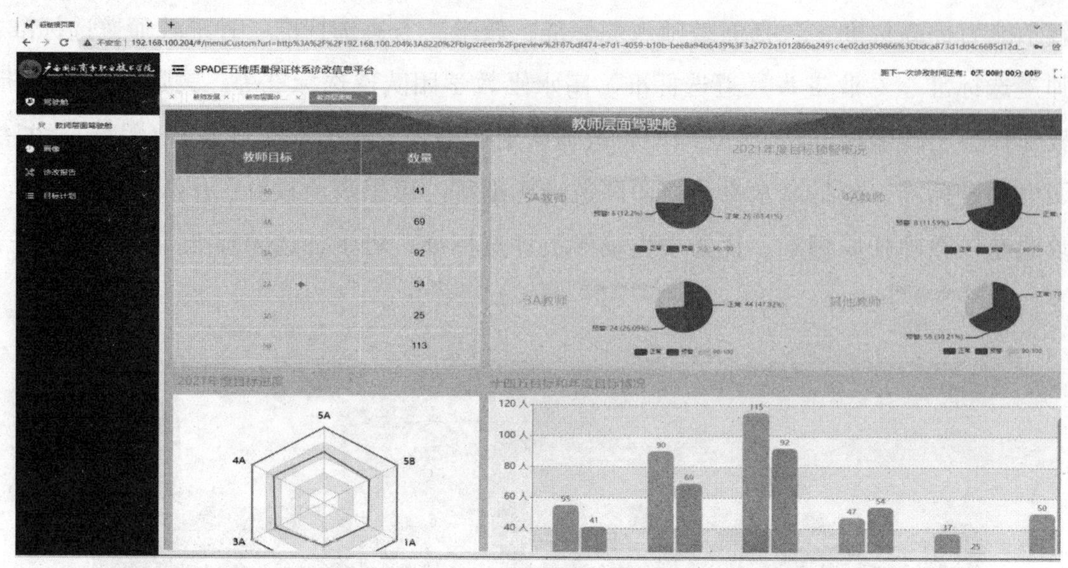

“SPADE”五维质量保证体系诊改平台教师层面驾驶舱

二、主要成效

在学校“SPADE”五维质量保证体系下，教师层面诊改工作有谋、有我、有章、有法、有数、有效，教师队伍建设取得明显成效。

（一）教师师德修养进一步提升

2021 年度，评选表彰校级“十佳师德标兵”“十佳课程思政标兵”“十佳教学能手”“优秀教师”“优秀教育工作者”“ 优秀学生辅导员”“育人标兵”等先进个人 149 人。

校级“优秀教师”代表

（二）教师取得高级别成果

获得全国优秀教材（职业教育与继续教育类）二等奖 1 项；获得广西第一届职业技能大赛金奖 1 项；获得广西高校思政课“精彩一课”比赛二等奖 1 项；获得广西职业院校教师教学技能大赛课堂教学赛项三等奖 3 项，混合式教学赛项二等奖 1 项，微课赛项二等奖 1 项，三等奖 3 项；获得广西高校思政课优秀教学案例一等奖 1 项，三等奖 1 项。2 名教师指导学生参加全国职业院校技能大赛，获高职组“创新创业”赛项团体三等奖；3 名教师指导学生参加 2021 年全国职业院校技能大赛，获高职组“关务技能”赛项团体三等奖。获得省部级以上科研课题立项 1 项，市厅级科研课题立项超过 50 项。

信息名称：国家教材委员会关于首届全国教材建设奖奖励的决定
信息索引：360A26-99-2021-0008-1　生成日期：2021-10-09　发文机构：国家教材委员会
发文字号：国教材〔2021〕6号　信息类别：其他
内容概述：国家教材委员会发布《关于首届全国教材建设奖奖励的决定》。

国家教材委员会关于首届全国教材建设奖奖励的决定

国教材〔2021〕6号

各省、自治区、直辖市教育厅（教委）、党委宣传部，新疆生产建设兵团教育局、党委宣传部，中央和国家机关有关部门相关负责机构，中央军委训练管理部办公厅：

为深入贯彻习近平新时代中国特色社会主义思想和习近平总书记关于教材建设的重要指示批示精神，落实党中央、国务院关于实施教材建设国家奖励制度的决策部署，国家教材委员会组织开展了首届全国教材建设奖评选工作。经评审委员会评审、评选工作领导小组审定、国家教材委员会批准，决定：

授予义务教育三科统编教材等10种教材“全国优秀教材特等奖”，授予《马克思主义哲学（第二版）》等200种教材“全国优秀教材一等奖”，授予《职业道德与法律（第五版）》等789种教材“全国优秀教材二等奖”，授予国家教材委员会语文学科专家委员会等99个集体“全国教材建设先进集体”称号，授予丁增稳等200名同志“全国教材建设先进个人”称号。

全国教材建设奖是教材领域的最高奖，是检阅、展示教材建设服务党和国家人才培养成果，增强教材工作者荣誉感、责任感，推动构建中国特色、世界水平教材体系的一项重大制度。希望全体获奖者珍惜荣誉、再接再厉、再创佳绩，做永葆先进本色的教材战线标兵。

刘杰英教授获全国优秀教材（职业教育与继续教育类）二等奖

（三）“双师型”教师队伍结构优化

“双师型”教师培养制度进一步完善，2021 年度培养了 55 名“双师型”教师，其中校级“双师型”教师 10 人，自治区级“双师型”教师 45 人。截至 2021 年年底，学校的校级“双师型”教师达到 62 人，自治区级“双师型”教师达到 173 人，“双师型”教师队伍结构得到进一步优化。

（四）教师队伍规模进一步扩大

2021 年共开展两期公开招聘工作，实际到岗 117 人。配备思想政治理论课教师 45 人，师生比 1∶331，配备专职辅导员 75 人，师生比 1∶198，均达到教育部要求。引进高层次人才 1 人，送培在读博士 5 人，遴选新增校级优秀青年教师 20 人。

"SPADE"推动我校移动商务专业建设

广西经贸职业技术学院　杜远阳　罗宁　周明　苗丽

移动商务专业是广西经贸职业技术学院以"校企合作、联合办学"的模式建立的专业，主要培养移动商务方面实战型互联网技术复合型人才。在专业发展过程中，采用"SPADE"五维质量保证体系，推动专业建设，取得了显著成效。

一、主要做法

（一）引入"SPADE"模型

基于实际工作需求，为了更好地开展移动商务专业的教学，针对专业建设和课程教学中存在的理论体系单一、教学方法滞后等问题，引入了"SPADE"五维质量保证体系进行改革，建立了与职业目标相适应的教学内容体系，在制定人才培养方案过程中，将实践教学与理论教学有机结合，创新教学模式，使学生得到有针对性的培养，达到提升学生职业能力的目标。

（二）积极孵化创业项目

在"双创"时代背景下，大学生创新创业受到了政府、学校和企业等社会各界的大力支持，为了全面深入了解移动商务专业大学生就业创业情况、企业人才需求和高校人才培养情况，我们对毕业生、企业和高校三方开展了一系列调研，依据调研结果与学生创业需求，教师团队对学生进行相关知识技能（如公众号运营、小程序运营、网站运营、短视频运营、直播运营、创业技能）培训，还对创业学生团队给予技术、资金、场地及设备的支持，成功孵化出易创校园项目。（目前由于场地问题无法在本校区实现）

（三）建立职业素质课程体系

"有德有才，破格重用；有德无才，培养使用；有才无德，限制录用；无德无才，坚决不用。"如今，用人单位除看重应聘人员技术才能外，更看重他的职业素养。学院办学以来一直注重学生职业素养的培养，每月设立教学主题，如安全、文明与礼仪、沟通、团队协作、感恩等，通过课程帮助学生树立安全文明意识，提高道德水平，增强综合职业素养，培养朝气蓬勃、健康向上的行为习惯。

（四）开展素质拓展

不定期开展特色户外拓展活动，培养学生的团队合作意识，提高学生的实践能力和人际交往能力。

户外拓展活动

（五）启动“每日一讲”活动

“每日一讲”以学生为主体，采用演讲的形式，主题内容积极向上。通过“每日一讲”活动消除学生面对各种工作场合的紧张心理，增强学生的自信心，锻炼学生的表达能力、沟通能力和应变能力。

“每日一讲”活动

（六）巡堂查课成常态

做好学生日常考勤工作，定期进行巡堂查课，在确保学生的出勤率的同时做好课堂纪律维护工作；辅助任课老师维护课堂纪律，关注学生学习动态，及时与任课老师沟通，对学习困难的学生给予学习上的帮助。

（七）鼓励学生参加技能比赛

在教学过程中，课程内容的设置必须考虑到实践性、职业性等特点，构建专业核心课程“以赛促学”的教学模式，引导学生不断提升职业能力和自身综合素质。教师团队在每个学期都以一门专业核心课为主，其他课程知识为辅，举办相关知识技能竞赛。目前已经举办了第一届“小程序”设计大赛。

第一届“小程序”设计大赛

二、取得成效

新生报到显著提升，招生数据统计显示新生平均报到率达到 90%。实习率越来越高，除个别学生因特殊情况未正常参加实习，目前实习率达到 92.47%，对口实习率 86.04%。

在教学方面，因教施材，平均教学满意度达到 96% 以上。2020 年学生报考职业技能证书——移动商务师（高级），考证通过率达到 100%。

三、创新与特色

移动商务专业建设通过引入“SPADE”五维质量保证体系，通过实践检验和理论研究的多次循环，验证了“SPADE”五维质量保证体系对于推动专业建设成果显著，这也是学院专业建设引入同行模式较为成功的一次尝试。

“SPADE”在桂海商学院海外分校办学中的推广与应用

广西国际商务职业技术学院　刘丽欢

近年来，按照“SPADE”质量保证体系建设标准，学校紧紧围绕商字，立足培养商才，提高商能，服务商企，形成了“职业底色、创业本色、国际特色”的“三色”商科人才培养模式，逐步建立商科特色鲜明的国际化办学格局，为东盟及丝路沿线各国人民提供人才支撑，推进共建“一带一路”教育共同体。

为主动融入和服务国家“一带一路”倡议，落实国家鼓励高等学校和职业院校配合企业走出去，社会力量参与境外办学，参与建设具有国际先进水平的中国特色职业教育体系，服务西部陆海新通道衔接“一带一路”大战略，我校现联合泰国北柳职业学院、泰国中部三区职业教育中心和北京唐风汉语教育科技有限公司筹建首个海外分校——桂海商学院泰国分校，开展“互联网 +”形式中泰联合办学项目。学校以学生成长成才为中心，坚持育德、修技并重，全面落实立德树人根本任务，逐步形成了“职业底色、创业本色、国际特色”的“三色”商科人才培养模式，以及“信仰、信念、信心、信用”的“四信”价值观引领。在践行“一中心”“二任务”“三色、四信”人才培养理念过程中，学校成功构建了教师发展五独（Special）、专业建设五力（Power）、学生成长五到（Achievement）、课程建设五度（Dimension）、学校发展五重（Emphasize）的“SPADE”五维质量保证体系，并应用在桂海商学院泰国分校的管理当中。

桂海商学院中泰海外校办学项目拟建设周期为 10 年（2020 年—2030 年），致力于构建“Chinese+Culture+Technique+Employment”国际合作新模式，即“汉语 + 商务文化 + 技能 + 就业”的“CCTE”一体化中外职业教育国际合作新模式，实现国内国外、线上线下、双校园、双学历的合作办学。教育过程可追溯、可查询、可转换，保证国际人才培养的高质量。

项目以“互联网 +”平台为技术载体，开展包括汉语教育、专业教学、技能培训、中外师生互派交流、海外实训实习、学历提升、就业、举办国际赛事等全方位、多层次的中外联合办学模式。我校与泰国北柳职业学院共同制订人才培养方案，中泰双校区办学，学籍双注册，学分互认，毕业发双学历证书，共同培养高水平强技能人才，并为泰国来华留学生对接中国高校升学、对接中资企业实习和争取就业。拟定首个合作办学的专业是跨境电子商务专业。

学校在改革发展中，构建了与学校实际相适应的“SPADE”诊改模型。“SPADE”取自五个层面维度关键词首写字母的组合，每个层面均包含 5 个维度，共设立了 100 个诊断点，355 个观测点。教师层面是“五独”（Special），专业层面是“五力”（Power），学生层面是“五到”

（Achievement），课程层面是“五度”（Dimension），学校层面是“五重”（Emphasize）.

为全面发挥“SPADE”五维质量保证体系的功能和作用，以学校说“五重”、专业说“五力”、课程说“五度”、教师说“五独”、学生说“五到”的“五说”活动为抓手，通过精准对接海外校规划，将总规划的目标任务分解到年度工作计划，构建完整明确的目标链、标准链和制度链。依据明确的目标任务，科学配置资源并组织实施，合理设置诊断点，明确诊断周期，在实时监测过程中实现及时预警。通过年初制定计划、年中检查、年终总结，实现全过程动态跟踪管理。推进“8”字形质量改进螺旋的有效运行，确保桂海商学院各项目标任务按质按量完成，推动海外校人才培养质量和办学水平的持续提升。

桂海商学院中泰海外校办学项目的开展，极大提升了我校国际影响力和国际竞争力，提升了我校在国内的招生能力与生源质量，同时也将“SPADE”质量保障体系推广到海外校的治理当中。除此之外，还拓宽了国内学生和留学生升学就业渠道。通过“互联网 +”职业教育国际合作云平台的建设，我校国际信息化能力与水平将进一步提升，我校与国内其他高水平职业院校和本科院校的合作关系也将进一步深化。

“SPADE”伴随桂海商学院向“一带一路”沿线国家拓展。通过桂海商学院，在俄罗斯、越南、马来西亚、印度尼西亚、哈萨克斯坦、巴基斯坦等“一带一路”国家建立海外分校，以伴随产业、服务产业为目标，面向国际产能合作和“走出去”企业，开展学历教育与技术技能培训。目前，马来西亚职业院校亚娄职业技术学院、峇都兰樟职业学校，泰国北柳职业学院已加入“SPADE”认证院校。“SPADE”通过输出学校商科职业教育人才培养质量标准，助力海外合作院校商科专业及课程建设。

立目标 定标准 “SPADE”认证商科示范引领作用

广西国际商务职业技术学院　胡博巍

广西国际商务职业技术学院隶属广西壮族自治区商务厅，是一所以培养适应现代商务事业发展需要的国际化应用人才为宗旨的国家公办全日制高等院校。学校现为广西唯一具备商务部“援外培训承办单位”资质的职业院校，是商务部“人才强商”基地、广西促进中国－东盟自由贸易区建设人才小高地、教育部“人文交流经世项目”首批“经世国际学院”。学校紧紧围绕高素质国际化应用人才培养体系和现代职业教育体系，以人才培养为宗旨，以社会需求为导向，走校、政、行、企、社合作办学的道路，依托商务行业，突出现代商务特色，立足广西，面向全国，辐射东南亚，培养德才兼备，具有较强技术技能，适应现代商务事业发展需要的高素质国际化应用人才，为广西现代商务事业发展提供国际化高水平商科应用型人才。

一、“SPADE”认证体系的构建

学校在长期理论研究与实践探索的基础上，构建了“SPADE”五维质量保证体系，开启了商科人才培养新模式。以该体系为核心基础，扩展升级为“SPADE”认证，标志着商科职业教育从此有了权威标准认证，认证体系翻开崭新篇章。

“SPADE”取自教师发展五独（Special）、专业建设五力（Power）、学生成长五到（Achievement）、课程建设五度（Dimension）、学校发展五重（Emphasize），5个层面维度首写字母的组合，共有25个维度，设立了100个诊断点，355个观测点。“SPADE”认证体系是对接国家标准、政策法规，知名专家学者研讨斧正，第三方组织机构参与下的智慧结晶，历经上百场研讨论证会，500多所院校和企业走访调研，上万份问卷调查，共同奠定了该认证体系的科学严谨与客观实用性。

二、“SPADE”认证体系的应用

（一）校内应用，提升学校建设发展

学校制定“十四五”发展规划，以“SPADE”为依据制定专业建设、师资队伍建设等子规划，各部门立目标、定标准，科学有序开展“SPADE”A 级系列认定。

学校梳理各部门工作职责和岗位职责，汇编制定《A 级专业认定标准与管理办法》《A 级课程认定标准与管理办法》等认定制度及工作标准，围绕“SPADE”五独、五力、五到、五度、五重标准开展 A 级教师、专业、学生、课程、部门认定，实现“SPADE”认证体系在学校建设发展中的成果转化，实现自上而下紧密关联的目标任务达成。

（二）校外应用，示范带动效果好

在包含 3 所国外院校、7 所国家双高院校的 39 所“SPADE”认证联盟院校中开展“SPADE”认证，联盟院校共建优质资源，强强联合共同搭建学分银行，学生可跨校学习，实行课程互选、互学、互认，人才培养过程更符合商科职业人才培养的规范化需求。

（三）“SPADE”认证平台建设与应用

依托全国商贸职业教育集团搭建“SPADE”认证平台，以数字信息化建设覆盖日常工作，公开“SPADE”认证体系、机构组成、认证流程等信息，提供认证受理服务，加强“SPADE”认证活动互动及宣传。

三、“SPADE”认证商科引领社会影响力大

近年来，“SPADE”体系受到社会各界的关注，学校受邀在 2020 年 12 月中国 – 东盟职业教育研究中心主办的中国 – 东盟职业教育发展论坛、2020 年 11 月中国商业经济协会主办的“新科技 新经济 新商科”职业教育国际论坛、2020 年 11 月中国高等教育学会职业技术教育分会主办的商科高职院校东中西部区域合作研讨会、2019 年 7 月中国职业技术教育学会主办的新时代教育教学改革创新论坛等国际国内大型会议上做典型经验交流发言，得到专家和参会代表的高度肯定。此外，本成果多次在广西职业教育活动周、中国 – 东盟职业教育联展暨论坛上展示，得到教育部和广西壮族自治区有关领导的赞扬和认可，相关成果被 CCTV、中新网、《光明日报》《中国教育报》《中国青年报》《国际商报》《广西日报》等主流媒体宣传报道 65 篇（次），多次收录进《中共广西历史大事记》，产生了积极而广泛的社会影响。

2021年7月17日，在广西南宁举行了“SPADE”认证新闻发布会。会上，校长王国红详细介绍了“SPADE”认证进展情况及取得的成效，以及“SPADE”认证萌芽、发展、形成和推出的历程。“SPADE”认证在促进学校内涵式发展、产教融合、社会服务及行业实践等方面取得了显著的成效，并将伴随着联盟校的来华留学和海外校的发展，走进东盟、非洲、欧洲等国家，实现院校治理、教师发展、专业建设、课程建设、学生培养标准的全方位输出，为世界各国职业院校提供中国方案，中国智慧，发出中国职教最强音，提高中国职业教育话语权。

“SPADE”认证新闻发布会

标准引领 梯度建设 协同发展——以“SPADE”课程五度为标准助推课程建设大发展

广西国际商务职业技术学院　赵辉

一、以“SPADE”课程五度为标准开展课程建设，实现课程建设大发展

广西国际商务职业技术学院金融经济学院积极应用新技术建设课程，不断完善课程资源，2021 年 9 月，“个人理财”“金融风险管理”“金融法律法规与应用”“金融数学”“商业银行综合柜台”5 门课程获批为校级在线精品课程。12 月，“商业银行综合柜台业务”“个人理财”“金融法规与应用”3 门课程被学校认定为 4A 级课程。学院现有 4A 级课程占学校 4A 级课程的 40%。“金融数学”被学校认定为 3A 级课程。学院以“SPADE”课程五度标准开展课程建设，实现了课程跨越式发展。

在课程五度标准引领下，学院教师赵辉作为“个人理财”课程的负责人，优化数字课程资源，“个人理财”课程原创视频数量 29 个，原创视频时长 244 min。

自治区级职业教育在线精品课程数据信息表

课程基本信息			
课程名称	个人理财		
学校名称	广西国际商务职业技术学院		
课程负责人	赵辉		
单期课程开设周数	23 周，平均每期 23 周		
课程运行平台名称	超星一平三端网络教学平台		
开放程度	○完全开放：自由注册，免费学习		
	√有限开放：仅对学校（机构）组织的学习者开放或付费学习		
课程开设情况			
开设学期	起止时间	选课人数	课程链接
1	2020 年 2 月 18 日至 2020 年 8 月 30 日	114	https://mooc1-1.chaoxing.com/course-ans/ps/208331941
2	2020 年 9 月 18 日至 2021 年 2 月 25 日	300	https://mooc1-1.chaoxing.com/course-ans/ps/208331941
3	2021 年 3 月 23 日至 2021 年 7 月 31 日	30	https://mooc1-1.chaoxing.com/course-ans/ps/208331941

课程资源与学习数据			
数据项		第（1）学期	第（2）学期
视频	总数量（个）	29	29
	总时长（分钟）	244	244
	原创数量（个）	29	29
	原创时长（分钟）	244	244
非视频资源	总数量（个）	45	45
	图片（张）	13	13
	课件（个）	15	15
	音频（个）	0	0
	文本（%）	37.7%	37.7%
测验和作业	总次数（次）	45	117
	习题总数（道）	1195	1195
	参与人数（人）	51	228

第三方课程数据应用证明（一）

互动交流活动情况	平台活跃度（人次）	149441	393266
	参与互动人数（人）	81	120
	发帖总数（帖）	25	0
	教师发帖数（帖）	16	0
考核（试）	次数（次）	44	25
	试题总数（题）	3779	3779
	参与人数（人）	81	118
	课程通过人数（人）	58	107
使用情况	使用课程学校总数（所）	1	
	使用课程学校名称	广西国际商务职业技术学院	
	选课总人数（人）	444	
课程平台单位承诺			
1.本单位已认真填写并检查此表格中的数据，保证内容真实准确； 2.本单位同意按照要求为此次在线精品课程申报工作提供必要的技术支持； 3.如果此课程被认定为“自治区级在线精品课程”建设，本单位承诺，按教育厅要求提供年度运行数据，接受监督和管理。 课程平台单位（公章）			
联系人及电话：廖玛莉 13557833520			

填表说明：
1. “单期课程开设周数”指课程一个完整教学周期的运行周数。
2. “课程开设情况”，一门课程开设周期若涉及跨学期，则填写多行记录，学期开始时间和结束时间具体到日，格式如：2016-9-1（年-月-日）。
3. “课程资源与学习数据”，可以任选“课程开设情况”中的两期填写所有数据，“第（ ）学期”括号中填写“开设学期”的数字。
4. “使用情况”为课程平台系统里课程相关数据信息。

第三方课程数据应用证明（二）

二、以“SPADE”课程五度标准提升课程满意度，学生满意度明显提升

学院从教书育人、师德垂范，因材施教、耐心辅导，教法灵活、互动高效，重点突出、难点讲清等四个方面提升学生对课程的满意度，学生学习效果好，对课程的满意度提升明显，学院 8 名任课教师荣获 2020—2021 学年秋季学期“课堂教学最受学生欢迎奖”，获奖教师数量位于全校二级学院前列。

三、以“SPADE”课程五度标准提升课程符合度，有力提升了学生的技能水平

课程教学设计体现以学生为中心的理念，课程符合岗位能力需求，提升了学生的技能水平。2019 年组织学生参加“2019 全国金融与证券投资模拟实训大赛”，获团体三等奖。2020 年组织学生参加“2020 全国金融与证券投资模拟实训大赛”，获团体二等奖。2021 年组织学生参加“2021 第八届全国证券投资模拟实训大赛”，在决赛中获得团体一等奖 2 项的好成绩。

荣誉证书

HONORARY CREDENTIAL

广西国际商务职业技术学院赵 辉老师：

在“2019 全国金融与证券投资模拟实训大赛”中，指导的“参赛队”荣获“团体三等奖”，特授予您“优秀指导教师”荣誉称号，特发此状，以资鼓励。

全国金融职业教育教学指导委员会

二〇一九年六月

荣誉证书

HONORARY CREDENTIAL

广西国际商务职业技术学院赵辉老师：

在“2020 全国金融与证券投资模拟实训大赛”决赛中，指导的“小阳光”荣获“团体二等奖”，特授予您“优秀指导教师”荣誉称号，特发此状，以资鼓励。

全国金融职业教育教学指导委员会

二〇二〇年八月

荣誉证书

CERTIFICATE OF HONOR

广西国际商务职业技术学院 赵辉 老师：

在“2021第八届全国证券投资模拟实训大赛”决赛中，指导的团队荣获“团体一等奖”，特授予您“优秀指导教师”荣誉称号，特发此状，以资鼓励。

获奖学生：李忠静、黄纪林、肖中月

全国金融职业教育教学指导委员会

二〇二一年七月

证书编号：NSISTCT0001280

部分荣誉证书

四、有力助推了“SPADE”五维质量保证体系的实践

学院积极适应“互联网＋职业教育”新要求，在课程建设中，持续推动现代信息技术与教育教学的深度融合，深化教学方法的改革，不断提升课程建设的质量和成效，为学校以“SPADE”课程五度标准开展课程建设提供了有效范例，有力助推了学校“SPADE”五维质量保证体系的实践。

学院教师赵辉主要参与完成的成果“商科高职院校 SPADE 质量保证体系的构建与实践”荣获广西商业职业教育教学指导委员会 2021 年教学成果奖特等奖。

荣誉证书

HONORARY CREDENTIAL

广西商业职业教育教学指导委员会2021年教学成果奖

成 果 名 称：商科高职院校SPADE质量保证体系的构建与实践

主要完成人：李庆文、罗羿寒、胡博巍、邓慧敏、刘丽欢、赵辉、陈雪玲、陆纯梅

主要完成单位：广西国际商务职业技术学院

获 奖 等 级：特等奖

广西商业职业教育教学指导委员会

“商科高职院校 SPADE 质量保证体系的构建与实践”获 2021 年教学成果奖特等奖

开创人才工作新格局 致力打造人才“四大高地”

浙江商业职业技术学院　张婷

近年来，浙江商业职业技术学院（下文简称“浙商职院”）坚定不移践行党管人才原则，大力实施“人才强校”战略,依托“SPADE”五维质量保证体系,切实完善条抓块统的工作体系，强化争先创优的竞争导向，构建科学高效的投入机制，营造凝聚人心的浓厚氛围，开创了党建统领、整体智治、高效协同的人才工作新格局，致力于打造人才聚集高地、人才政策高地、人才创新高地、人才生态高地等“四大高地”。

一、“高站位”引领 打造人才集聚高地

浙商职院党委发挥“总揽全局、协调各方”的领导核心作用，提高把方向、谋大局、定政策、促改革的能力和定力，积极履行党管人才的主体责任，完善“一把手”抓“第一资源”的人才工作目标责任制。

近年来，浙商职院把人才工作纳入年度党政工作要点，高位推动，整体布局，不定期召开人才工作专项会议，充分调动各职能部门和用人主体的积极性，形成各司其职、密切配合的工作机制。

“双高”建设以来，浙商职院从各二级学院遴选出与区域产业契合度高、发展前景广阔的专业，并围绕该专业着力打造一支由高层次人才领衔的创新团队。同时，以创新团队吸引人才，不断汇聚和造就各类高水平人才。

值得一提的是，“双高”建设以来，浙商职院培育了国家级教师教学创新团队 1 支，国家级课程思政团队 1 支、名师 8 人，全国技术能手 1 人，省级教学团队 3 支，中国饭店协会烹饪大师工作室 1 个，省级教学成果奖一等奖 2 项；引培博士 16 人，正高 10 人，申请认定省级人才 158 人次。

此外，浙商职院还深化校地、校企合作，探索人才流动“旋转门”机制，拓宽和畅通了优秀人才流动渠道，柔性引进、聘请 85 位企业高管和高级技术人才为企业导师。

基于此，浙商职院交出了人才队伍建设的高分报表。

二、“高标准”配置 构建人才政策高地

为了下好人才工作“先手棋”，打好政策升级“主动仗”，在高质量发展中抢占先机、争取主动、赢得未来，浙商职院可谓是下足了功夫。

浙商职院相关负责人表示，学校积极构建“学校－学院－专业”三级联动机制，大幅提升高层次人才引进待遇，持续推进校内专项委培博士计划。其中，对于具有丰富实践经验的应用型人才、创新创业人才、紧缺专业的人才以及特别优秀的人才，采取“一人一议”的方式主动挖掘引进。据悉，浙商职院年均投入人才工作经费超1000万元。

同时，浙商职院还积极贯彻落实《深化新时代教育评价改革总体方案》精神，加大破“五唯”力度，探索长周期评价，突出标志性成果，深化直评直聘制度。

此外，浙商职院积极推进人才发展体制机制综合改革，制定了《高层次人才引进管理办法》《名师博士大师工作室管理办法》《专项委培博士实施方案》等文件，全面落实引才目标责任制、人才联系制度、人才工作例会制度。

浙商职院通过“高标准”配置，在安家安置、科研经费、工作条件、团队搭建和薪酬待遇等方面打造全方位引才保障服务链，倾尽所能招揽人才。

电商国家级教师教学创新团队

三、“高能级”平台 构筑人才创新高地

近年来，为了让人才创新活力在服务经济社会发展中竞相迸发，浙商职院围绕效益最大化发掘人才潜力，整合产业人才优势资源，突出“高精尖缺”导向，建立了“人才＋项目＋资金”三位一体培育模式，以产学研一体化推进人才集聚效应。

同时，依托浙商职院国家级双高专业群和冷链物流应用技术协同创新中心，构建了电子商务新经济产业研究中心、智慧营销协同创新中心、中法商业经济研究中心等技术技能创新平台。

广大教师在助力企业技术进步和转型升级上，为企业提供良好的技术技能支撑。

“双高”建设以来，浙商职院共与200多家企事业单位签订201项横向技术合同，到款金额达1613.90万元，产生的经济效益达1.32亿元。获得授权专利389项，成功转化授权专利26项。

在校企合作上，浙商职院也取得了不错的成果。据悉，浙商职院“双十一”实战教学项目已运行10年，校企合作运营机制完善，2019—2021年“双十一”助力企业突破疫情难关，实现销售额55.11亿元。

服务国家乡村振兴战略。浙商职院坚持精准扶贫，构建起全过程、全方位、全员化和学校、合作机构、行业、企业协同的“三全四联动”援助网络，即浙商职院选派教师赴云南保山等经济薄弱地区实施电商帮扶。

与此同时，浙商职院教师、中国烹饪大师王丰与嵊泗、龙游合作开发菜品，把嵊泗贻贝打造成为国宴菜单产品。

此外，浙商职院还依托浙江省“双高”重点建设专业及国家级烹饪教学资源库，将生物科技与传统烹饪技术结合，筛选出西湖莼菜和黄栀子两种植物农产品，突破了提取工艺及动物实验等技术瓶颈，申请了2项国外专利，为区域经济赋能。

四、“高品质”服务 形成人才生态高地

近年来，浙商职院坚持以数字化改革撬动人才发展体制机制改革，紧盯实际需求，聚焦难点堵点，推动松绑减负，全面升级了教师信息门户、学校数据中心和网上办事大厅，建立了数据采集、流通共享和应用服务机制，提升了人才工作、学习、生活的良好体验，实现从“人找服务”到“服务找人”的转变，加快打通改革落地“最后一公里”。

此外，浙商职院还坚持在发展中深烙“爱才”基因，擦亮“暖心商院”的名片，强化全周期全要素保障，做精增值服务，做优服务质量，开展人才精准服务，从工作环境、生活环境、制度环境多方面综合施策，统筹解决好人才关心关注的“关键小事”“人生大事”和“发展要事”，给人才吃下定心丸，让人才安心、安业、安居。

新时代赋予新使命，新征程展现新作为。浙商职院深入贯彻落实党的十九届六中全会和中央、省委人才工作会议精神，强力吸附人才，推动集聚裂变，打造“人才四大高地”，助力“双高”建设跑出“加速度”，为浙江省交投集团“十四五”期间全力走前列、全面争一流，为奋力打造“重要窗口”，高质量发展建设共同富裕示范区提供人才智力支撑。

对标接轨 融合发展 创新实践技术技能型国际化人才培养

济南工程职业技术学院　潘辰

一、基本情况

高职院校实施国际化办学，精准优化人才供给侧，是新时代高职院校提升内涵发展质量、助力“双高”计划的必然之举，是新时代高职院校强化新担当、展示新作为、实现新追求的有力探索和生动实践，也是更好服务国家发展战略、响应国家“一带一路”倡议、助力“走出去”中资企业、参与全球教育治理，形成具有中国特色国际化职业教育品牌的现实需要和历史必然。

结合目前高职院校国际化办学实际，济南工程职业技术学院创新探索出了技术技能型国际化人才培养新体系，从明确国际化办学理念出发，实施职业教育供给侧结构性改革，大力推进国际化办学水平提升工程，增强职业教育的适应性，国际化办学工作取得显著成效。

二、主要做法和成效

（一）把握战略机遇，强化国际化办学顶层设计

学校站在服务国家教育、对外开放的战略高度上，抓住三大国家战略交汇叠加的历史机遇，提出了打造“省内示范、国内一流、国际知名”的宏伟发展目标，确立了“以世界眼光审视高职教育，以国际标准培养技术人才”的国际化办学理念，大力实施国际化办学水平提升工程，推动国际化办学向深层次、宽领域、高水平、可持续方向发展，着力打造齐鲁优质职业教育国际化品牌。学校成功加入“世界职教院校联盟（WFCP）”“中国教育国际交流协会”“中国－中东欧国家高校联合会”和“中俄（山东）教育国际合作联盟”，受聘为中国－东盟职业教育国际合作联盟、山东省“一带一路”职业教育国际联盟、中德职业教育产教融合联盟的副理事长单位。学校入选教育部“人文交流经世项目”首批“经世国际学院”院校。

（二）理顺组织体系，建构国际化工作体制机制

基于项目管理视角，学校构建起“以学校为主导、二级院系为主体，以专业课程为基础、

师生为主角，相关职能部门协同配合”的国际化工作体制，科学制定国际化办学水平考核指标体系，大力推进“一系一品”国际化品牌创建，形成了“1+N”国际化工作格局，真正从各院系具体办学实际上推动实现教育理念、师资队伍、课程体系、氛围营造国际化，真正做到扎根学校发展实际实施国际化办学规划。

（三）坚持系统思维，搭建国际化人才培养体系

贯彻“新发展”理念，以培养具有家国情怀、国际视野和跨文化沟通合作能力的国际化技术技能型人才为出发点，创新提出“对标接轨、融合发展”的工作理念，探索建立了“1345”国际化人才培养体系，为实施国际化战略保驾护航。

“1”是“围绕一个目标”：以培养具有家国情怀、国际视野和跨文化沟通合作能力的国际化技术技能型人才为目标。

“3”是“做好三个服务”：服务国家对外开放战略、服务学校高质量发展、服务学生成长成才。

“4”是“搭建四个平台”：搭建引进来平台、走出去平台、师资国际交流培养平台、中外学生双向交流平台。

“5”是“实施五大工程”：实施中外合作办学工程、国际标准开发工程、国际人才培养工程、职业教育输出工程和师资国际化提升工程。

学校中澳会计、中德国际贸易实务、中德动漫制作技术和中德服装设计与工艺 4 个教育部备案中外合作办学项目运行良好。其中，会计和国际贸易实务两个中外合作办学专业，尝试引进全国职业院校商科专业及课程“SPADE”认证合作，共同探索包含教师发展五独（Special）、专业建设五力（Power）、学生成长五到（Achievement）、课程建设五度（Dimension）、学校发展五重（Emphasize）的“SPADE”五维质量保证体系，力争形成国际化视野下商科人才培养新模式，为学校商贸专业群建设提供可复制推广的成功经验。

学校与德国西门子公司合作，推行嵌入式课程体系开发，共建西门子先进自动化技术联合示范实训中心，力争将该项目打造成济南市“经十东路科创走廊”上的品牌项目，服务于区域科技创新和济南市对外开放战略。

学校近年来先后派遣 160 多名中青年骨干教师和管理干部赴德国、澳大利亚、美国等国家和台湾地区研修培训。20 名青年骨干教师考取澳大利亚 TAE 四级教师职业资格证书，机电工程学院 25 名教师考取德国西门子“课程培训师”资格证书，信息工程学院 10 人考取 Adobe 国际软件技术证书。学校先后引进具有海外学习经历或海外工作经验的专业教师 30 余人。学校发挥地处“孔孟之乡”和省会“泉城”济南的地理优势和齐鲁文化优势，积极吸引“一带一路”沿线国家学生来校交流。先后有马来西亚、乌克兰、澳大利亚、俄罗斯以及泰国等国的200余名长短期留学生来鲁研修学习，充分体验了“一山一水一圣人”的独特齐鲁文化韵味。

（四）推进“中文+职业技能”项目，打造“海右国际学院”国际职教合作新模式

在济南市外办、济南市教育局、济南市公安局出入境管理局等部门的大力支持与指导下，学校与泰国曼谷职业教育委员会、泰国杜西技术学院、唐风汉语国际教育集团按照“政、校、企、文”四方合作共建的济南市第一家海外分校——中泰“海右国际学院”于2019年3月在泰国揭牌成立，构建了“汉语+文化+专业+产业”一体化国际职教合作办学新模式，培养通晓汉语、熟悉中国文化、适应泰国4.0战略急需的高素质复合型人才。中泰“海右国际学院”国际化人才培养项目被泰国教育部职业教育委员会评为“2019中泰职业教育合作示范项目”，入选“中国－东盟双百职校强强合作旗舰计划”第三批“中国－东盟高职院校特色合作项目”。该项目得到了泰国副僧王颂德通猜大师和中国前驻泰国特命全权大使管木先生，以及合作院校的高度信任和支持。济南市人民政府《关于加快推进新时代济南职业教育改革发展的实施意见》和《关于提质培育建设济南职业教育创新发展高地实施方案》明确指出，支持“海右国际学院（泰国）”国际化人才培养项目。

（五）深化产教融合，助力“走出去”中资企业

学校加强与中国有色金属人才中心、山东省国际交流中心、山东省国际承包劳务商会、济南市商务局等政府组织的联系与交流，在蒙古国中国有色金属公司敖包矿区、泰国山东总商会、马来西亚岱银纺织分别建立了“海外人才培养校区（基地）”，实现校企同频共振、共生共长，进一步提升山东职业教育的国际影响力。

学校国际化办学成果被人民日报（海外网）、全国职业教育对外合作与交流网、中国职业技术教育网、大众网、泰国NNT等国内外权威媒体报道。学校受邀在中国－东盟职业教育国际论坛、亚洲教育论坛、世界职业教育大会等教育平台做经验介绍。《山东省高等教育综合改革简报》多次报道了学校育人成效。学校先后三次入选“亚太职业院校影响力50强”和“2020中国职业院校国际竞争力50强”。

“岗课赛证”融合下高职财经商贸类专业实践教学体系的构建与应用

广西国际商务职业技术学院　吴迅

一、建设背景

2019 年国务院颁布《国家职业教育改革实施方案》(国发〔2019〕4 号)，首次提出了职业教育是类型教育的论断。为增强职业教育的适应性，培养高素质复合型创新型技能人才，职业教育急需创新体现类型教育特征的育人模式。2020 年教育部等九部门印发《职业教育提质培优行动计划(2020—2023 年)》(教职成〔2020〕7 号)指出，“书证融通”提升人才培养质量和就业质量。2021 年全国职业教育大会传达了习近平总书记关于职业教育的重要指示，明确提出职业教育要优化类型定位，“岗课赛证”综合育人，提升教育质量。《广西职业教育改革实施方案》(桂政发〔2019〕35 号)提出深化产教融合、校企合作，探索实现学历证书和职业技能等级证书互通衔接的改革方向。一些地方和职业学校开展“岗课赛证”融通的高技能人才培养模式改革，形成了“课证融通”“赛教融合”“赛证课相通”等模式。构建“岗课赛证”相融合的教学模式是以社会对学生的岗位需求为导向，以各岗位对应的知识、技能和素养为标准，以各类证书和竞赛为依托平台，以满足人才培养目标的课程教学为核心，形成针对各专业的课程体系，有效实现新时代对人才培养的客观需求。

近年来，我国的高职教育研究受到了社会各方面的关注，形成一股研究热潮，很多高职院校也开展了“工学结合”“理实一体”教学模式的研究与实践，但当前高职财经商贸类人才培养中普遍存在学生对专业岗位认识不清、缺乏适应能力、实践教学效果不理想等问题，不符合当下社会对人才综合素质的要求。我校以习近平新时代中国特色社会主义思想为指导，以助力职业教育高质量发展和提高高职商科人才培养质量为目的，积极探索“岗课赛证”融合下的高职财经商贸类专业实践教学体系的构建与应用，取得了一定的成效。

二、具体措施

（一）“岗课赛证”融合，构建模块化实践教学课程体系

以“岗课赛证”融合为指挥棒，对财经商贸类专业人才培养方案课程体系进行重新构建，与各级职业证书的标准对接，探讨学历证书和职业技能等级证书的学习内容、教学过程和考核方式的对接与融合。在课程的设置上，重点突出实习实践环节，在实践课程的设置上，既体现专业技能基础，也展现贴近真实工作环境的企业案例。

积极与行业企业合作，以财经商贸类岗位的工作过程为主线，以典型工作任务为载体，按照工作岗位职业技能能力要求重新设计专业课程的教学内容。基于“岗课赛证”融合构造高职财经商贸类专业的课程改革方案，即以课程改革为切入点，以岗位能力需求为导向，以理论知识、职业素养、职业标准、技能训练为主线，建立“基础通识、专业特色、书证融通”的模块化课程体系，把职业资格证书、“1+X”职业技能等级证书、职业技能大赛、典型岗位操作规范等内容融入实践课程体系，从而改善职业教育培养人才与工作岗位技能不匹配的情况，实现了课程与工作岗位对接，课程内容与职业标准对接，毕业证书与职业资格证书对接，毕业与上岗“零过渡”，提高了高职财经商贸类人才培养质量。

（二）岗位课程结合，校企共建开放共享型实践教学基地

校内实践教学基地是高职院校顺利开展实践教学的必要条件，是培养和提高学生专业实践技能的重要阵地。学校主动加强与企业，如新道、碧桂园、顺丰、百丽等的合作，利用企业的资源，共同建设校内实践基地，确保专业实践教学的顺利开展。建设了校内的专业实训室、电商平台等仿真的实践平台，以技能型人才培养为核心，训练学生的实际岗位操作技能。另外还利用学校的创业园，把创业园的各种经营项目融入专业实践教学中来，加深学生对不同行业工作的全面了解，实现“零距离”的岗位对接。

建立校外实践基地是高职院校实践教学体系不可或缺的一部分。校外实践基地更多的是对学生综合岗位能力、适应社会的能力的培养，学生以企业员工的身份参与企业的生产经营，完全融入工作角色，才能真正实现工学结合。学校与广西敦豪、广西苏宁易购、杭州顺丰速运、百丽国际集团百朗体育用品有限公司等多家企业共建了校外实践基地。制定相应的校外实践基地管理制度，明确双方的责任与义务，使校外实践基地的管理逐步制度化、规范化，达到校企共赢的目的。

（三）依托产教融合，推进“线上＋线下”混合式教学

在教学方法上，以教师授课为辅、学生参与为主，充分利用情景教学、互动教学、讨论

教学和案例教学等教学方法，积极引导、启发学生思考，调动学生学习的主观能动性，变学生的"要我学"为"我要学"，实现"教学做"一体化。在教学手段上，积极推广"线上 + 线下"混合式教学。依托网络信息技术，积极探索基于"互联网 +"背景下的混合式教学模式，在混合式教学模式下，教师、企业导师既可通过基于网络的课堂进行教学，又可以在传统的课堂基础上通过网络完成备课、布置作业、答疑等教学活动。学校根据高职财经商贸类专业课程的特点，遵照教育系统设计原则，设计出"一个核心、两条主线、过程管理"的混合式教学模式，并通过在"财务会计"等课程的教学上开展应用研究，对其实践效果进行跟踪评价，不断优化和改进学习模式，同时带动其他专业课程的教学模式改革。经过两年的实践和研究，取得了明显成效。

（四）实施校企双培，构建"双师双能"的实践教学师资队伍

一方面，学校制定和完善实践教学师资队伍建设的规划，有组织有计划地派出专业教师到企业进行顶岗实践，教师直接参与企业的实践工作，校企双方共同进行管理，促进专业教师实践技能的提高。学校每学期都有计划地派出一定比例的专业教师到企业进行顶岗实践，要求每位专任教师每两年挂职企业锻炼时间不少于两个月，要求二级院系合理安排教师的教学任务，拿出专门的时间或利用教师寒暑假进行培训，设立双师型师资培训专项经费，并在评优评先以及年度考核时对双师型教师给予相应的支持。另一方面，学校邀请企业的专家进行校内的专业教学，通过合作交流，相互学习，提高实践教学质量，提高实践技能，促进"双师双能"的实践教学师资队伍建设。

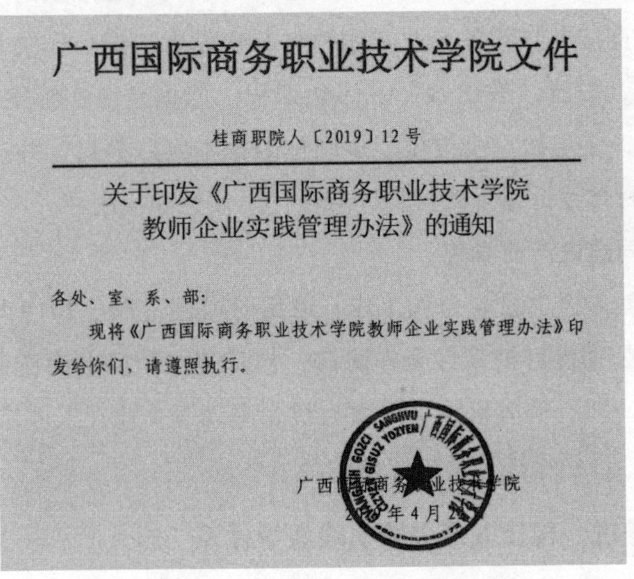

广西国际商务职业技术学院文件

桂商职院人〔2019〕12号

关于印发《广西国际商务职业技术学院
教师企业实践管理办法》的通知

各处、室、系、部：

现将《广西国际商务职业技术学院教师企业实践管理办法》印发给你们，请遵照执行。

广西国际商务职业技术学院
2019年4月2[illegible]日

关于印发《广西国际商务职业技术学院教师企业实践管理办法》的通知

（五）依托产教融合，共建共享实践教学资源

1. 产教融合，共同制定实践课标

课程标准决定了专业的培养目标和教学内容。学校在制定专业课程标准时采用校企合作、共同建设的方式。积极邀请行业企业的专业人士共同参与专业课程标准的制定。学校积极与新道公司、网中网公司等企业合作，共同开发建设了“财务会计”“财务会计分岗实训”“审计实训”等课程标准。在共建课程标准的过程中，院校主要负责课程标准的教育性，而行业企业人士则主要负责课程标准的职业性，通过校企双方的深入沟通交流，实现课程标准的教育性和职业性的有机统一。

2. 产教融合，共同建设实践课程

学校充分运用信息化技术，依托网络平台开展主题鲜明、内容多样、层次分明的专业实践教学。其一，搭建“国际贸易”“财务会计”等专业课程的网站。上传课程资源、专业活动介绍、专业活动图片视频资源、前沿动态、课外学习电子资料等素材，促使教学内容更加趋向于动态化、开放化、多样化。其二，推广应用超星学习通。专任教师在教学平台上建好课程，把微课、微视频、实训案例等实践教学资源上传到教学平台，学生可以随时随地进行学习并进行反馈，教师可以在线上进行指导，以对话协商式的非线性教学方式取代传统的“灌输式”的线性教学，增强了专业实践教学的开放性。

3. 产教融合，共同建设实践教材

实践教材是实践教学的保障，科学的实践教材需要依据行业发展趋势、职业能力发展而建设。学校在实践教材的选用上，一方面采用全国高职院校已形成的规划实践教材，另一方面积极邀请校外企业直接参与到各专业实践教材的建设中。把合作关系比较密切的企业的业务融入实践教学中来，设置“教学做”一体化课程。依据企业实际案例的不断调整和改进，建设适合学生实际的，多层次、全方位、多岗位的校本实践教材，并逐步形成具备财经商贸类专业特色的自编教材体系，增强教材的针对性、时效性和应用性。

4. 产教融合，共同建设产业学院

学校积极推进产教融合、校企合作工作，取得阶段性进展。2019 年，学院与广西启迪创新跨境电子商务有限公司签订框架性合作协议，初步建立跨境电商产业学院。同时，还与广西颐雅信息、广西启运国际、德胜科技（深圳）、杭州赢动等企业在人才培养方面开展形式不一、各具特色的深度合作，进一步提升学校产教融合水平。

（六）双元主体并进，构建五级进阶实践教学体系

搭建了“双元主体，五级进阶”的高职财经商贸类专业实践教学体系。学校探索“岗课赛证”

融合的财经商贸类专业人才五级进阶培养模式，已取得一定的成效。学校将桂商文化、第二课堂、民族风俗、创新创业、国际交流五大元素融入学生培养过程中，打造五级进阶实践育人体系。根据学生成长"五到"（知识学到、技能习到、素质修到、情商悟到、胆商独到）的评分依据，分别授予其商萌咖—商小咖—商战咖—商大咖—商名咖的五级进阶，有效激发了商务育人的活力，最大限度地保障学生对知识和技能的反复训练和融会贯通，更好地达到毕业能上岗这一目标。

三、实施成效

（一）校内推广应用效果

1. 教学改革效果优良，学生受益面广

实践教学体系在学院内试行并取得良好成效，辐射校内 8 个专业，参与的教职工 82 人，参与的国际学生 10 人，带动了相关专业的教学改革，覆盖学生 3230 人。学生参加技能竞赛获得国家级奖项 3 项，省部级奖项 15 项。举办了特色国际技能赛事 1 项，整体水平排名靠前。教师技能水平提升迅速，近五年获得国家级教学技能等奖项、省部级奖项，市厅级奖项 203 人次。建成百丽集团华南地区零售人才培养基地，建成浙江顺丰供应链人才培养基地。与广西和桂集团、广西百朗体育用品有限公司、深圳市屈臣氏个人用品有限公司、顺丰速运集团、广东万佳互娱文化传播有限公司等签订校企合作协议，开展"订单班"人才培养，实现订单就业学生数量累计达到 632 人。建成壮族油纸伞民族文化传承创新技能大师工作室、广西非物质文化遗产展示厅、海上丝绸之路展示厅。发表系列论文 32 篇，编著教材（含校本教材）6 本。实践教学基地和精品开放课程建设初具规模，每年近 2000 学生参加仿真实训，实践教学效果良好。

2. 人才培养成效明显，毕业生质量高

通过校企联合培养计划，百丽国际校企合作模式输送相关专业群毕业生 156 人，其中 35 人晋升为企业基层管理人员，占比超过 23%。因合作培养模式得到合作企业认可，在海南省、福建省相关高校复制推广。顺丰速运校企合作项目持续运行 11 年，输送相关专业群毕业生超 500 人，晋升为顺丰主管级管理人员 12 人，基层管理人员 50 人以上。校企共建实习实训基地获评教育部高等职业教育创新发展行动计划——校企共建现代商贸流通服务业商务运营中心生产性实训基地。获国家首批物流管理职业技能认定 1+X 证书制度试点项目，为合作企业创

造超300万元的直接经济效益（企业税费减免）。在国内核心期刊及其他省级刊物公开发表教研论文和学术论文72篇，出版学术专著、教材11部，教研科研成果丰硕。

近三年用人单位对毕业生评价满意率达95%。学校连续15年就业率超90%，连续15年获“广西高校毕业生就业工作先进集体”。

（二）校外推广应用效果

校企合作共建了“财务会计”“涉外会计”“会计基础”“顶岗实习”“审计基础”等五门在线开放共享培训课程，并开展线上线下混合教学实践。“财务会计”获批2020年国家级精品在线开放课程，为广西高职院校唯一获批2020年国家级精品在线开放课程，目前社会学员超过10000人，教学效果好，社会反响优良。积极承接全国助理会计师无纸化考试、全国会计师无纸化考试、注册会计师考试、大学生计算机等级考试、广西商务系统人员培训等工作，受众面达20000余人次，社会服务功能初显，学校的社会影响力也进一步得到提升。2016年被确定为广西现代职业教育发展示范项目区域合作试点单位，2018年荣获全国高等职业院校“国际影响力50强”称号。学院先后派出487名学生赴泰国、马来西亚等国家的高校交流学习。2017年开始先后招收6批来自中亚、非洲、东欧等27个国家的205名国际学生。

四、工作亮点

（一）构建基于“岗课赛证”有机融合的模块化实践课程体系

遵循“岗课赛证”有机融合的基本思路，建立“基础通识、专业特色核心、书证融通”的模块化课程体系，搭建起与企业职业标准、岗位要求相对接的桥梁，实现学生向企业职工转变的无缝对接，推进产教融合、校企合作育人机制的不断丰富和完善。

（二）构建五级进阶的实践能力训练体系

将实践教学各环节根据学生的接受程度、学习规律、企业参与度、社会需求等多方因素划分成五个阶段，根据不同层次所掌握的技能、具备的职业素养评定相应的咖位，设置“职业认知期－商萌咖，虚拟商战期－商小咖，实战操练期－商战咖，跟岗实习期－商大咖，顶岗锤炼期－商名咖”五个阶段，形成五级进阶实践能力训练体系。

（三）校企共建共享型实践教学内容

以学生作为教学的主体，以项目为主线进行教学，在实际教学内容设置时，根据岗位进行内容重构，包括民生服务、文化传承、政策宣传等，通过该方式帮助实践教学与社会发展、地方经济建设的需求进行深入融合，在教学的过程中帮助学生增强社会责任感以及社会认知，更好地体现其自我价值。

五、今后工作思路

（一）建立高校与社会共同参与的人才培养机制

高校应充分利用校内外资源，以保障专业建设，建立高校与社会共同参与的人才培养机制。一是要完善财经商贸类专业建设机制，成立由专业教师、教学管理人员、其他高校知名专家、校外行业专家、注册会计师等组成的财经商贸类专业建设委员会。二是要建立高校与社会共同参与的教学质量监控机制与检查评估体系，以加强教学质量监控。建立高校、企事业单位、会计师事务所等共同参与的专业学生考评机制，提高财经商贸类专业人才培养质量。

（二）完善“1+X”证书的实施保障制度

高校应加大“1+X”证书推行的力度，保障“岗课赛证”融合的顺利实施。一是提高“1+X”证书的社会认可度。邀请服务经济区域内的骨干企业参与“1+X”证书的开发，以企业为主体，以行业需求为导向，重新梳理岗位职业技能评价标准，立足实践，提高证书的含金量，提高证书的认可度。二是完善培训评价体系。要建立严格的“1+X”证书培训评价监测体系。可安排具有培训讲师资格的教师跨校巡考，保证“1+X”证书考核的公正性。三是加大专项经费支持力度。“1+X”证书制度的实施，需要购置相关软件、硬件，还要承担大量的培训考核费用，专项经费支持的力度直接关系到“1+X”证书制度实施的深度和广度。

基于“SPADE”模型的教师业绩考核评价体系构建与实施成效——以浙江商业职业技术学院财会金融学院为例

浙江商业职业技术学院　李传双

一、评价体系构建目的

为切实体现教学工作在学院工作中的中心地位，强化教师教学工作职责和质量意识，建立和健全教学工作业绩评价机制，使学院教师工作业绩考核规范化、制度化、科学化，建立重实绩、重贡献的激励机制。

二、评价体系构建原则

“SPADE”模型是广西国际商务职业技术学院在长期理论研究与实践探索的基础上，为提高学校教学水平和人才培养质量而制定的一个诊断模型。“SPADE”模型分为五个维度，将诊改与改进工作分解为一系列具体和可衡量的指标，其中，“S”指代教师发展五独（Special）、“P”指代专业建设五力（Power）、“A”指代学生成长五到（Achievement）、“D”指代课程建设五度（Dimension）、“E”指代学校发展五重（Emphasize）。学校以“SPADE”模型为依托，以教师发展五独指标体系为模型，从育人情操特高、教学能力特强、科研能力特优、教师魅力特有、仁爱之心特显五个方面，对教师的师德师风、职业素养、专业知识、综合能力等进行全方位考查，从整体上反映专业现任教师情况，对教师队伍进行评估和画像。

三、评价体系构建的主要举措

（一）完善教师考核评价制度，健全教师评价机制

出台《专兼职教师教学工作业绩考核办法》《专任教师综合业绩考核办法》，明确考核内容，

规范教师评价标准。坚决克服重科研轻教学、重教书轻育人等现象，坚持把师德师风作为第一标准；突出教育教学实绩，绩效工资分配向一线专业教师和一线学生管理工作者倾斜，向教学一线和教育教学效果突出的教师倾斜，对在教学、教改、科研、竞赛、社会服务中取得重大成果的教师，进行重点奖励。

（二）紧密结合职业教育的特点，构建全方位、多维度的教师评价体系

充分考虑高等职业教育的特点，重点考量教学、教改、学生管理等方面的工作量和业绩，在全方位育人的框架下，将科研、课程思政、产教融合、教师发展、指导学生就业、创新创业、社会实践、社团活动、竞赛获奖等计入工作量，对教师进行全方位考核。

（三）采用通用量化考核技术，科学制定考核指标体系，构建全程式数据化绩效考核方案

专业教师个人业绩得分包括育人情操特高、教学能力特强、科研能力特优、教师魅力特有、仁爱之心特显 5 个一级指标。其中，育人情操特高包含 2 个二级指标，教学能力特强包括 5 个二级指标，科研能力特优包括 4 个二级指标，教师魅力特有包括 4 个二级指标，仁爱之心特显包括 4 个二级指标。另有 58 个三级指标。

指标数值来自学院、教务处、科研处、人事处、产学研、创新创业学院、质量监控办等部门统计数据，所有数据均有据可查。

指标评价采用赋分和扣分制两种方式，对于工作量和业绩数据，采用赋分制；对于工作态度和执行情况采用扣分制；对于违背师德师风和造成教学事故的行为，实行一票否决制，直接认定相关责任人考核不合格。

（四）加强组织领导，全面落实考核各项工作

学院成立专门考核工作小组，制定考核内容与办法，审定教师教学工作业绩考核结果。考核工作小组由院系领导和教师代表构成，其中，教师代表不低于 50% 的比例，由教师推选产生。学院纪检委员全程监督数据核查、民主测评、考核小组评议、评优推优等考评过程，考评结果进行公示，做到公开透明。

以教师考核评价办法为基础，将教师考核评价结果与年度考核等级、评优推优、奖励性绩效工资分配、职称评审直接挂钩。

四、评价体系实施成效

学院新制定的考核办法自2020年正式实施以来，充分调动了教师的积极性和创造性，教师整体素质明显提升，有力推动了学院各项工作快速发展。

（一）教师认真履行教书育人天职，课程思政落实落细落地

将课程思政纳入考核体系后，教师积极钻研课程思政教学改革。2020年以来，根据教师课程思政典型教学案例拍摄制作47集《财会金融学院课程思政育人风景线》1部，育人元素涵盖社会主义核心价值观、抗疫精神和“诚、毅、勤、朴”校训文化等。教师撰写的《战役课堂思政案例》获得了2020年全国职业院校“战役课堂课程思政典型案例优秀奖”。2021年，“证券投资”和“成本会计实务”2门课程获得省级课程思政示范课程，大数据与会计教学团队获得省级课程思政示范基层教学组织。

（二）立足浙商职教集团平台，深入推进学院产教融合

将校企合作纳入考核体系后，广大教师积极为学院产教融合工作深入推进献计献策。截至目前，与浙江交投、海康威视、碧桂园、滨江税务局、建设银行等30余家知名企业深度合作，实施了“学校教育教学+企业教学实习+顶岗实践+就业”的校企全程合作培养模式。2021年“校企共建贵和金服学院，构建双主体协同育人新格局”获得省级产学合作协同育人项目立项。

（三）积极投入教学改革，教改课改成果丰硕

2020年，学院省级在线精品课程立项2项，国家规划教材立项4项，省级新形态教材立项1项，获浙江省高职院校“互联网+教学”优秀案例3个，4位教师参加省级教学能力比赛获得三等奖，2022年大数据与会计教学团队获得浙江省职业教育教师教学创新团队。目前学院专业教学团队中有教授9人，副教授23人，国家优秀教师1人，省级教学名师1人，省级专业带头人6人，拥有国家级会计教学团队1个，获得国家级教学成果二等奖1项、省级教学成果一等奖2项。

（四）充分发挥人才资源优势，服务地方经济发展

教师在立足地方、服务地方中实现自身价值。2020以来，学院教师以团队或个人的方式承接企业横向项目18项，开展的项目涉及财税咨询、预算管理、内部控制、投资理财、科技金融等方面，技术服务到款额100余万元，为企业创造效益近1000万元，助力企业快速发展。教师积极参与和拓展社会培训项目，2020—2021年开展企业转岗、后续教育等各类培训，参培人员达1000多人，有力保障了企业转型升级所需人力支撑。

（五）人才质量稳步提升，招生就业实现两旺

2020—2021 年，学生参加省级以上比赛获得各类奖项共计 48 项，其中包括世界大学生数学建模竞赛一等奖 1 项；学生参加财务共享或智能财税“1+X”职业技能证书考试，通过率 100%；2020—2021 年，学生参加初级会计资格考试，通过人数达 750 余人，通过率 70% 左右，远高于同类院校和社会平均通过率；部分学生在校期间通过资产评估师和美国注册管理会计师全科考试，很多学生在校期间取得 3 本以上职业资格证书；580 余名毕业生通过报考专升本被相关院校录取；2020—2021 年，教育评估院毕业生跟踪调查显示，用人单位对我院毕业生实践动手能力、专业水平、创新能力、合作与协调能力、人际沟通能力所有评价指标值（均 95% 以上）及我院毕业生升学率、总体满意度、专业课程课堂教学效果、实践教学效果、教学水平、就业求职服务、对母校的推荐度各项评价指标值（均 90% 左右）均显著高于全省学校平均值；2020—2021 年，学院省内普高平均录取分数线为 502 分，高出二段线 7 分，报到率常年达 98% 以上，毕业生就业率常年稳定在 97% 以上。

基于课堂革命的应用越南语“学、做、用”一体化教学模式研究与实践

广西国际商务职业技术学院　李翠霞

一、建设背景

2021年4月，中共中央总书记习近平对职业教育工作做出重要指示，在全面建设社会主义现代化国家新征程中，职业教育前途广阔、大有可为，要优化职业教育类型定位，深化产教融合、校企合作，深入推进育人方式。2021年4月12日，全国职业教育大会在传达习近平重要指示和李克强批示中强调，要提升教育质量，健全多元办学格局，细化产教融合、校企合作政策，探索符合职业教育特点的评价办法。《职业教育提质培优行动计划（2020—2023年）》（以下简称《行动计划》）从体系结构、校企合作、考试招生制度、治理能力、三教改革、信息化等高质量发展的关键领域方面对提质培优的内涵做了系统界定。《行动计划》提出推动职业学校“课堂革命”，适应生源多样化特点，将课程教学改革推向纵深。落实这一要求，需要强化对课堂教学质量的认知，让教师回归课堂，让教学回归知识，进而促使课堂教学质量成为职业教育提质培优的终极价值取向。

教育改革的核心是课堂改革，只有课堂改革了，才能改变教育质量，实现人才培养目标。广西《职业教育提质培优行动计划（2020—2023年）》实施方案明确提出，广西各高校要遴选1000个左右职业教育“课堂革命”典型案例，广西国际商务职业技术学院承接了此项工作任务。学校以习近平新时代中国特色社会主义思想为指导，以职业教育高质量发展和提高高职商科人才培养质量为目标，积极探索应用外语类专业“学、做、用”一体化教学模式研究与实践，取得了一定的成效。

二、具体措施

（一）构建“学、做、用”一体化教学模式

在课堂革命视域下分析课程改革的必要性，从岗位需求出发，开发课程信息化资源，从“课

堂革命”的角度对课程进行优化和设计。立足行业需求，创新培养模式，通过企业平台融合创新校内书本知识和产业实践经验，把教学内容与企业开设的岗位结合起来，让学生在上课中体验上班，把课堂作业布置为一项工作任务，学生形成“学、做、用”一体化的学习模式，最终实现“作业即作品”。2021 年 5 月，应用外国语学院举办“服务‘一带一路’，建设壮美广西”外文讲中国故事比赛，应用越南语专业学生比赛主题为“小米粉，大产业”，用越南语介绍了柳州螺蛳粉发展历程。

“服务‘一带一路’，建设壮美广西”外文讲中国故事比赛

（二）岗位课程结合，服务桂企出海

校外实践教学基地是高职院校顺利开展实践教学的必要条件，是培养和提高学生专业实践技能的重要阵地。学校积极开展校企合作，如与广西启迪创新跨境电子商务有限公司、广西农垦越南明阳生化有限公司等企业开展合作，利用企业的资源，以技能型人才培养为核心，训练学生的实际岗位操作技能。把实训项目融入专业实践教学中来，加深学生对各类行业工作的全面了解，让学生上课即体验“上岗”，作业即“作品”。2021 年 12 月，2020 级应用越南语专业学生参加广西广播电视台第四季《超能职教》第二期节目，用越南语直播带货——卖口红。

越南语直播带货

（三）教师魅力特有，培养实践型教学师资队伍

学校有完善的实践教学师资队伍建设规划，并派出专业教师到企业进行顶岗实践，教师直接参与企业的实践工作，校企双方共同进行管理，促进专业教师实践技能的提高。应用越南语专业有 1 位教师持有越南语导游证书，并长期在旅行社兼职；1 位教师曾借调到中国驻胡志明市总领馆工作 2 年；1 位教师曾借调到广西商务厅工作 1 年。3 位教师均有丰富的社会实践经验，能较好地开展实践教学工作。

在旅行社兼职期间带越南旅行团

（四）积极开展产教融合，共同建设实践课程

应用越南语专业与广西农垦越南明阳生化有限公司、江苏创源电子有限公司等企业积极开展产教融合，共同建设实践课程。目前，有 11 名应用越南语大三学生在江苏创源电子有限公司进行不同岗位的实习，计划在疫情结束后派往该公司驻越南北江省的工厂。为了让越南语实习生更好地适应岗位工作，应用越南语专业与该公司共建实践课程，对实习生进行“越南语 + 相应岗位”的培训，培训内容由江苏创源电子有限公司提供，越南语由广西国际商务职业技术学院越南语教师提供。目前该公司已按计划有序开展培训。

在江苏创源电子有限公司参加培训

丰翼计划项目责任书

一、各部门职责

1.1 校招组和培训组

负责对部门提报的人员需求进行评估和汇总整合。

负责根据人员需求，主导制定见习生培养方案，并协调各部门进行方案审定。

负责越南语见习生语言技能的培养，包含但不限于越南语课程准备、越南语讲师支持、培养资源的准备等。

负责主导实施培养方案，定期向用人部门与学校反馈越南语见习生阶段性培养情况。

1.2 用人部门

负责根据业务发展规划合理的人员需求，并提报至人力资源部。

负责主导越南语见习生业务知识与业务能力的培养，协助实施越南语见习生语言技能的培养。

二、实施计划与流程

培养阶段	培养方式	考核方式	责任方
阶段一 入职1个月	入职培训+岗前宣贯 （2021年10月前）	新入职员工培训考核	培训组主控，校招组协助
		12月 越南售后场景对话翻译练习x2 常用标语x4	
		1月 越南售后场景对话翻译练习x2	

江苏创源电子有限公司针对我院应用越南语专业实习生的培训计划

丰翼计划翻译练习-12-1

客户：请问现场工作已经开始，贵司如何安排对应工作？

Khách hàng:Xin lỗi, công việc tại chỗ đã bắt đầu, quý công ty sắp xếp công việc tương ứng như thế nào?

回答：你好，我是 XXX，是本站的工作负责人，后期我将随时与你对接我们的工作事宜。

目前现场，我已经根据贵司已提出要求，安排对应技能的专业人员进行现场支持工作，同时我也准备了对应的培训教材，在生产间隙，也可以针对贵司作业员进行专业指导培训，共同完成我们的工作。

Trả lời: Xin chào, tôi là XXX, người phụ trách công việc này và tôi sẽ phụ trách công việc của chúng tôi với bạn bất kỳ lúc nào trong tương lai. Tại địa điểm hiện tại, theo yêu cầu của Quý công ty, tôi đã bố trí các chuyên viên có kỹ năng tương ứng để thực hiện công việc hỗ trợ tại chỗ, đồng thời cũng đã chuẩn bị tài liệu đào tạo tương ứng, trong thời gian thiếu sót sản xuất tôi

江苏创源电子有限公司针对我院应用越南语专业实习生的培训内容之一

三、校内推广应用效果

（一）“学、做、用”一体化教学改革效果显著，学生受益面广

“学、做、用”一体化实践教学模式在校内推广并取得比较显著的效果，辐射校内 3 个专业，参与教职工 20 人，带动相关专业的教学改革，覆盖学生 300 人。学生参加技能竞赛获得市厅级奖项 3 项。发表系列论文 20 篇，编著教材（含校本教材）2 本。

“职教新星”称号证书（一）

授予：梁湘林

《超能职教》“职教新星”称号

广西广播电视台都市频道
2021年12月

“职教新星”称号证书（二）

（二）人才培养成效明显，毕业生就业率较高

近三年，用人单位对毕业生评价满意率达95%。学校连续15年就业率超90%，专业就业率近两年达到100%，学校连续15年获“广西高校毕业生就业工作先进集体”。

在立讯越南公司实习就业

四、“SPADE”五维质量保证体系引领下的应用越南语专业发展思路

学校在改革发展中，创造性地打造了“SPADE”五维质量保证体系。这一质量保证体系的理念是学生中心、目标导向、持续改进。“SPADE”取自教师、专业、学生、课程、学校五个层面维度关键词首写字母的组合，每个层面均包含五个维度。教师层面是“五独”（Special），专业层面是“五力”（Power），学生层面是“五到”（Achievement），课程层面是“五度”（Dimension），学校层面是“五重”（Emphasize），共设立了100个诊断点，355个观测点。

在专业层面，“五力”分别是专业发展潜力、教师魅力、课程保证力、就业竞争力和社会服务力。

结合应用越南语专业发展特点，提出如下发展建议：

（1）加大在职教师继续教育的力度，组织专业团队教师开展教研科研的学习和培训，尽快提高团队教师的教研科研能力和水平；引进行业企业优秀人才，充实师资队伍，提高教师魅力。

（2）充分利用校内外资源以保障专业建设，建立高校与社会共同参与的人才培养机制，发挥毕业生境外就业的优势，积极开拓校外实训基地，提高就业竞争力。

（3）建立高校与社会共同参与的教学质量监控机制与检查评估体系，以加强教学质量监控，提高评估能力。

（4）结合目前行业企业发展需求，创新构建“应用越南语 + 国际贸易”“应用越南语 + 旅游”“应用越南语 + 物流”“应用越南语 + 跨境电商”等人才培养模式，深入融合地方经济建设的需求，实现社会服务力。

（5）继续推动产教融合，校企共同开发实践课程，与时俱进，结合行业企业需求更新教学内容，实现课程保证力。

“SPADE”推动广西机电职业技术学院工商管理专业思政进课程建设

广西机电职业技术学院　习波

“中国制造”正在向“中国质造”“中国智造”迈进，需要匠人，更需要匠心。“生产与运作管理”课程教学内容融入“改善、创新、创业的时代精神”，将课程思政元素渗透到课程教学中，使学生的思想政治素质得到提高。广西机电职业技术学院在课程建设过程中，采用“SPADE”五维质量保证体系，推动专业建设，取得了显著成效。

依托“SPADE”学生五到标准体系，从知识学到、技能习到、素质修到、情商悟到、胆商练到五个方面的18个具体诊断点和58个观测点来制定学生职业能力、思想政治素质、身心健康素质的综合评价标准。目前“生产与运作管理”在线课程已是广西机电职业技术学院的院级精品选修课程。课程已在智慧树平台和超星学银在线平台登录。

课程于2020年秋冬学期登录智慧树在线学习平台，截至目前共开设4期，共有2727人次选修，通过测试人数达到1700余人。本课程于2021年春季学期登录超星学银在线平台，现共开设1期，共有1104人次在该平台选修课程，通过测试人数达到800余人。

工商管理专业依托“生产与运作管理”进行翻转课堂实践。2020年下半年，工商管理专业利用智慧树在线学习平台，对工商企业管理专业二年级学生尝试了翻转课堂的教学方法，效果显著，很多学生表示在翻转课堂的学习中得到了充分的锻炼，充分发挥了个人潜能。2021年上半年，“生产与运作管理”作为院级公选课，很多学生来自其他院系，尤其是机械系和电气系的学生，由于学业繁重，时间不自由，“生产与运作管理”慕课对他们的开放，使他们的学习更加灵活自由。

“生产与运作管理”在线学习平台

“SPADE”学生五维质量保证体系实践案例——以广西国际商务职业技术学院为例

广西国际商务职业技术学院　孟玉　赖柯宇

一、学生五维质量保证体系的背景

2019年，教育部、财政部印发了《中国特色高水平高职学校和专业建设计划项目遴选管理办法（试行）》，中国特色高水平高职学校和专业建设计划将重点支持高水平高职学校和高水平专业群。《国家职业教育改革实施方案》的发布，明确了以提升职业教育质量为主线，深化了一系列职业教育改革的制度和政策，结合《高等职业院校内部质量保证体系诊断与改进指导方案（试行）》等文件精神，为落实国家和自治区职业教育改革实施方案，以高质量开展学校诊改工作，广西国际商务职业技术学院启动了内部质量保证体系诊断与改进，认真落实立德树人根本任务，以培养“知商明礼、精商善行、崇商厚德”高素质国际化商务应用人才为目标，大力践行“三色”（职业底色、创业本色、国际特色）商科人才培养理念，不断推进“四信”（信仰、信念、信心、信用）价值观培养，积极构建国际化高素质应用型人才培养体系和现代化职业教育体系，有效推动学校教育事业高质量发展，对内部质量保证体系建设做了多方面探索。

二、学生五维质量保证体系的做法

学校依据原创的“SPADE”五维质量保证体系诊改信息平台，结合学生发展“五到”模型，围绕知识学到、技能习到、素质修到、情商悟到、胆商练到5个维度，设置了18个诊断点，58个观测点，包括专业知识、社科知识、人文知识、专业能力、社会能力、方法能力、价值观、职业素养、身体素质、心理素质、健康人格、情绪管理、内驱力、创新创业能力、竞争意识、逆境处理能力、冒险精神。

学生“五到”诊改模型

（一）推行学生“知识学到”开展“1+X”证书制度试点工作

学校认真贯彻落实《关于在院校实施“学历证书＋若干职业技能等级证书”制度试点方案》文件精神，对接现代服务业岗位发展要求，深入推动“1+X”（学历＋职业技能等级证书）制度试点工作，积极开展书证融合探索，将证书内容融入人才培养方案，不断深化人才培养模式改革。以“SPADE”专业认证为契机，构建学分银行，形成跨校跨省教学资源共享机制，实现学习成果认定、积累与转换，对标“SPADE”五维质量保证体系中“学生五到”标准，严格学业管理，不断提高教育教学水平。

（二）推行“技能习到”打造“五级进阶”实践教学体系

学校依托“SPADE”五维质量保证体系，坚持校企合作“九共同”，深化产教融合，科学地将实践教学各环节划分为五个阶段——即职业认知期－商萌咖，虚拟商战期－商小咖，实战操练期－商战咖，跟岗实习期－商大咖，顶岗锤炼期－商名咖，形成“五级进阶”的实践教学体系。

（三）推行学生“素质修到”打造“五维立体”素质养成体系

学校坚持立德树人根本任务，围绕“商”字做文章，培养学生德智体美劳全面发展的综合素养。积极将桂商文化、第二课堂、民族风俗、创新创业、国际交流等五大元素融入学生素质培养工作，形成铸魂、出彩、立根、谋新、创特的“五维立体”素质养成体系。推动现代商务文化进课程体系，开设商务礼仪、商务口才、商务写作课程；推动现代商务文化金素质教育，开展丰富多彩的第二课堂、社会实践活动；构建“红色文化、易班文化、传统文化、商业文化、职业文化”五维立体的文化育人内容架构，创建浓郁的文化育人氛围。

（四）推行“情商悟到”，打造第二课堂育人体系

学校围绕立德树人的根本任务，以“围绕中心、服务大局、找准定位、彰显价值”为理念，充分发挥高校第二课堂在思想引领和实践育人方面的作用，积极推进共青团“第二课堂成绩单”制度，组织开展“青年大学习”“青马工程”培训计划，“感党恩跟党走”广西高校党史学习教育暨庆祝中国共产党成立100周年美术书法摄影作品展，电竞公开赛，新生杯辩论赛暨第十届白马杯辩论赛，第二届“书海寻宝”活动，第七届“财富杯”全国大学生金融精英挑战赛等一系列具有社团特色的精品活动。开展大学生“5·25”心理健康教育活动月和“心理健康·幸福成长”线上线下大学生心理健康教育系列话题微课堂讲座。坚持助学、筑梦、筑人为宗旨，秉承学生全面发展的理念，继续深化构建以能力开发为导向的“济困、扶志、强能”三维立体贫困生资助平台，拓展和完善发展型资助育人行动计划，实现无偿资助与有偿资助、显性资助与隐形资助的有机融合。

（五）推行学生“胆商练到”，打造商创融合的创新教育体系

学校坚持以创新创业教育作为学校育人的本色，坚持商创融合的基本思路，形成“基地建设＋创客培训＋项目孵化”为核心的创新创业教育体系，实现了教学系部与入园企业对接、人才培养与企业经营对接、教学资源与企业资源对接、校园文化与企业文化对接、创业园与社会对接“五大对接”，学生就业创业竞争力明显提高。

三、学生五维质量保证体系的成效

2021年，获批一至四批“1+X”证书制度试点19个，实现二级学院试点范围全覆盖。

2021年，学生在全国各类职业技能比赛中，共荣获一等奖9项，二等奖4项，三等奖5项；在全区各类职业技能比赛中，荣获一等奖17项，二等奖9项，三等奖14项、铜奖19项、优秀奖2项。其中，学校参加2021年广西职业院校技能大赛，一等奖获奖数量位列广西第二；代表广西参加全国职业院校技能大赛，赛项数量位列广西第一。

学校易班“全方位育人三用新模式”入选全国优秀易班共建案例；荣获2021年易班优课大学生党史学习知识竞赛“优秀组织奖”；9月份在全国网络易指数的共建指数在全国1763所高校中居全国第9名、广西第1名；在第六届广西大学生艺术展演比赛中荣获一等奖2项，三等奖10项，以及优秀组织奖。

学校参加第六届中国国际“互联网 +”大学生创新创业大赛获银奖，成为广西高职院校中唯一连续两年入围国赛现场比赛的院校。连续 19 年获评全区普通高校毕业生就业创业工作突出单位。近三年来共为商务行业培养了近万名毕业生，据麦可思公司调查显示，用人单位对学校毕业生的满意度超过 90%。

获国赛高职组英语口语赛项三等奖

四、学生五维质量保证体系的亮点

学校坚持以习近平新时代中国特色社会主义思想为指导，牢记“为党育人、为国育才”的初心和使命，以培养“SPADE”学生五到（知识学到、技能习到、素质修到、情商悟到、胆商练到）高素质国际化商务应用型人才为目标，落实立德树人根本任务，以社会需求为导向，走校、政、行、企、社合作办学的道路，依据学校“十四五”发展规划目标，按照目标计划、组织实施、检测诊断、改进创新的诊改路径，积极推进“SPADE”学生五到诊断与改进工作，依托商务行业，突出现代商务特色，促进人才培养质量的总体提升，为建设新时代中国特色社会主义壮美广西作出积极贡献。

五、学生五维质量保证体系的启示

（一）加强学生理论知识和专业技能的融合

高职院校的学生在掌握理论知识的同时要具有较强技术技能，因此学校在专业设置、人才培养方案和专业课程上应设置相关的实习实训、技能培训环节，着重注意理论知识与专业技能的融合。

（二）着重完善学生情商和胆商的培养

学校的办学特色是“依托商务行业，突出现代商务特色”，作为现代商务人，智商、情商和胆商是必不可少的三要素,因此在“技能习到”方面应与“胆商练到”“情商悟到”结合培养。

（三）学生五维质量保证体系应依托信息化平台

学校的诊改数据依托了学校原创的“SPADE”五维质量保证体系诊改信息平台。面对上万的学生，信息化平台能够快速、高效、准确地统计出数据，并清晰地呈现在大众面前，因此，在当今大数据时代，学校的质量保证体系的推进也应顺应时代的发展趋势。

“SPADE”助力校园媒体建设

南宁职业技术学院　凌婉月

南宁职业技术学院（下文简称“南职”）融媒体中心隶属学校党委宣传部，是在学校党委关怀和指导之下于2018年创立的，拥有一支120多人的师生团队，运营着学校官方网站、广播台、微信公众号、微博、抖音、B站等多个校园媒体，是广西高职院校中首家具备采、编、录、剪、播等全功能的融媒体中心。南职融媒体中心在建设与发展过程中，引入“SPADE”五维质量保证系统，极大提升了其在宣传工作方面的高度、力度、深度、融合度，使其成为学校宣传的战略高地，舆论导向的前沿阵地，师生教学的实训基地，人才孵化的创新园地。

一、主要做法

南职融媒体中心始终坚持“以学校宣传工作为导向，以专业教师为指导，以学生团队为主力，以学校八大媒体为平台”，为更好地服务学校宣传工作，引入了“SPADE”五维质量保证体系进行改革，在学生团队培养、融媒课程建设、融媒平台建设等方面不断探索与改进。

（一）制定完善的人才选拔机制，组建强大的学生团队

融媒体中心不同于普通的学生社团，是由学校党委宣传部直接管理并服务于学校宣传的校园媒体中心。融媒体中心设置了总监、副总监、理事、干事等职务，制定了《南宁职业技术学院融媒体中心章程》《南宁职业技术学院融媒体中心管理制度》，以及融媒体中心招新、选拔工作方案等。每年新生入学之时即开始进行招新；经过一年的学习与锻炼后，在大二时进行理事、干事的选拔；再经过一年的磨炼后，进行总监、副总监的竞聘。通过完善的选拔机制，组建起一支结构合理的强大的学生团队。

融媒体中心换届大会

（二）开设符合工作需求的专业课程，强化学生专业知识

融媒体中心的学生，来自各个学院、各个专业，新闻传播基础知识和媒介应用能力参差不齐。为了更好地开展宣传工作和基于实际工作需求，融媒体中心开设了专门面向学生团队的公选课“融媒体创意与运营”，并根据“SPADE”课程建设“五度”模型，不断地完善课程教学，创新教学模式，有针对性地进行课程内容调整，使教学内容更符合融媒体中心的需求。该课程由宣传部的老师和新闻专业的老师共同授课，授课内容主要为摄影摄像、视频剪辑、新媒体运营与管理、采访与主持等，同时将学校宣传工作重点任务融入日常教学过程，并指导学生具体运营学校官网、官微、抖音、微博、广播台等校园媒体，进行专业业务能力实践与提升，使学生在完成课程学分的同时，又配合党委宣传部完成了相关的宣传工作。最关键的是，学生在学与做的高度融合中，极大地提升了业务能力，并逐步成长为具备良好政治素养和扎实专业技能的校园媒体人。

（三）建立健全媒体矩阵，搞活媒体宣传

融媒体中心不断建立健全学校媒体矩阵，加大对“两微一抖一站”的平台建设，进一步创新内容策划及媒体运营，以“中央厨房”模式，实现“一次采集、多元生成、多渠道发布”，生产的视频、音频、图片、文字等全媒体内容，可同时发布在学校网站、官微、微博、抖音、B 站、广播台等多个校园媒体，实现媒介聚合、导向一致、资源整合、效果倍增。同时，结合学校工作重点和宣传要点，开展系列主题宣传，以师生喜闻乐见的形式传播正能量、主旋律内容。

抖音校园分享会南宁职业技术学院专场

（四）共建实训基地，加强学生技能实践

融媒体中心在创立之初就与传媒学院共建校内实训基地，同时，与新闻采编与制作、传播与策划、网络新闻与传播、数字艺术媒体、广告等多个专业开展深入的联合实训，涉及策划创意、采写编辑、摄影摄像、剪辑包装、现场直播、播音主持、媒体运营等多项实训内容，让学生进行网站、微信公众号、微博、抖音、B 站等媒介平台的具体运营实操。同时，融媒体中心与广西电视台、南宁电视台等媒体开展合作，为学生提供跟班见习的机会，进一步加强学生的实践能力。

指导学生参加各类赛事

学生进入融媒体中心后，除了在日常工作中得到大量的学习和锻炼机会之外，还会得到以学校名义组队参加各类赛事的机会。融媒体中心的老师，根据学生的特长选拔人员组成强大的参赛队，参加大广赛、学院奖等行业大赛，以及新浪、抖音、B站等官方校园活动赛事，使拥有不同特长的学生在比赛中更好地相互配合，充分发挥各自特长，从而提升学生对融媒体中心及学校的认同感和归属感。

学生参加学院奖大赛

二、取得成效

在“SPADE”五维质量保证体系下，南职融媒体中心在建设与发展过程中，不断优化内部管理体系，提升管理水平，不仅打造了广西第一的高职院校融媒体中心，同时培养了一批又一批政治素养高、专业知识好、业务技能硬、创新能力强的校园媒体学生团队。

（一）融媒体中心成为学校内外宣传的重要力量

学校每年在官网发布内容400多条，在官方微信公众号发布内容300多条，在官方微博发布内容200多条，在官方抖音发布视频100个，拍摄报道校级活动200多场次，视频直播、录制大型活动近10场。同时在学习强国、人民网、中国教育报、广西电视台、南宁电视台等各级主流媒体发表学校办学成果相关文章及视频，极大地提升了学校的知名度和美誉度。

（二）学校新媒体影响力在全区乃至全国名列前茅

在融媒体中心的运营下，学校各大校园媒体影响力不断提升。在中国青年报社主办的

“2019 年度寻找全国百强校园媒体”活动中，获得 2019 年度全国 30 强优秀职院校园媒体。在 2020—2021 年高职院校官微影响力榜单中，南职官微名列全国十强，广西第一。南职官方抖音在全国高职院校官方抖音综合影响力排行榜中位居全国第 18 位。

2020-2021 高职高专官微 TOP 100 年度排行榜 2020年7月-2021年6月 中国青年报出品 微信公号 zqbcyol

高职高专官微十强

排名	学校	公众号
1	威海职业学院	威海职业学院
2	淄博职业学院	淄博职业学院微校园
3	深圳信息职业技术学院	深圳信息职业技术学院
4	金华职业技术学院	金华职业技术学院
5	广东职业技术学院	广东职业技术学院
6	湖南铁路科技职业技术学院	湖南铁路科技职院官微
7	广州南洋理工职业学院	广州南洋理工职业学院
8	郑州铁路职业技术学院	郑州铁路职业技术学院
9	四川西南航空职业学院	四川西南航空职业学院
10	南宁职业技术学院	南宁职业技术学院

高职高专官微五十强

排名	学校	公众号
11	兰州石化职业技术学院	兰州石化职业技术学院
12	淄博师范高等专科学校	掌上淄师
13	陕西铁路工程职业技术学院	陕西铁路工程职业技术学院
14	台州职业技术学院	台州职业技术学院
15	广东轻工职业技术学院	遇见广轻
16	东莞职业技术学院	东莞职业技术学院
17	西安航空职业技术学院	西安航空职业技术学院
18	武昌职业学院	武昌职业学院
19	咸阳职业技术学院	咸阳职业技术学院
20	新疆农业职业技术学院	新疆农业职业技术学院

南职官微名列全国十强

（三）师生团队参赛成绩创新高

融媒体中心师生团队在 2021 年中国大学生广告艺术节学院奖比赛中勇夺金奖以及唯一的全场大奖，成为该赛事举办 22 年以来全国第一家问鼎全场大奖的高职院校，创造了中国高职院校的历史。

获中国大学生广告艺术节学院奖全场大奖

三、创新与特色

融媒体中心通过引入“SPADE”五维质量保证体系，在学生团队培养、融媒课程建设、媒体平台运营等方面不断进行实践检验和理论研究，取得了明显的改进效果，验证了“SPADE”五维质量保证体系对于校园媒体建设具有显著的提升效果，是可推广、可复制的一种质量保证体系。

践行“SPADE”突出专业特色

广西农业职业技术大学　黄彩霞

广西农业职业技术大学全面贯彻党和国家的教育方针，遵循高等职业教育办学规律，按照德才兼备、德育为先、能力为重、全面发展的要求，针对地方经济社会发展，特别是农业农村产业结构，着力培养适应生产、建设、管理、服务第一线需要的高素质技术技能型人才，学院以建设区域领先、特色鲜明的高水平高等职业学校为办学目标。注重内部质量保证体系的建设和完善工作，落实教育部、教育厅关于高职院校内部质量保证体系诊断与改进工作的有关要求，切实加强学校内部质量保证体系诊断与改进工作，促进学院人才培养质量的提升。

一、主要做法

学校积极践行“适应市场设专业，双研并进促教学；首重德行抓质量，围绕就业育人才；走向社会广合作，矢志服务助三农；强化特色求发展，创建品牌争一流”办学理念，大力推进信仰、信念、信心、信用“四信”价值观培养，践行“SPADE”人才培养质量保证体系，开创了农业人才培养新模式。

二、取得成效

学校践行“SPADE”人才培养质量保证体系，不断进行理论研究与完善，在将其运用于校内诊改实践的基础上，积极在区内外进行推广，开展相关合作。

（一）完善学校专业结构

根据学校发展需要，完善专业建设。学院按照“做优农业类专业，做特服务类专业，扶持新兴产业类专业”的思路，建立专业诊断和动态调整机制，优化专业结构与专业布局，提高专业设置与产业发展的契合度，形成与广西农业产前、产中以及产后（生产加工营销）的整个农业产业链相适应的专业群。

（二）建立健全校内外实训室

学院按照“六位一体、一系三品、五个真实、九个合一”的“6359”实训基地建设思路和“上规模、上档次、高投入、高水平、高效益、有特色”的“二上三高一特色”生产经营目标要求建设实训基地。目前，学校拥有现代园区示范型、有限公司经营型、教学工场研发型、基本技能训练型等多种模式的教学实训基地。此外，有150多家农业龙头企业及科研院所与学校建立了合作关系，成为学院稳定的校外实习实训基地，能够满足顶岗实训和工学结合的需要。

（三）提高人才培养质量

学校坚持以内涵建设促发展的道路，持续不断地加强教学改革。学校高度重视学生职业技能培养，通过深化教育教学改革、与区内外多家企业实施“订单”培养和现代学徒制人才培养、开展专业知识竞赛、加强专业技能训练等措施，促进学生专业知识与技能的学习，学生综合能力明显提高。2018年获批广西共青团“第二课堂成绩单”制度第一批试点高校，2020年荣获广西高校共青团“第二课堂成绩单”精品课程1项（特色项目类）。

（四）加强农业领域的国际合作

学校抓住中国－东盟合作和“一带一路”建设的机遇，充分发挥自身的办学优势，与东盟国家开展了深入广泛的合作，逐渐从“交流合作”走向“技术输出”，将中国农业引入东盟，推向世界。多年来，学校先后与越南、老挝、印尼、缅甸、柬埔寨、菲律宾和泰国等东盟国家在互派师生办学、农业技术研发、农业成果与作物品种推广、农业生产试验示范、人员培训及境外农业生产基地建设等领域开展广泛合作，取得了良好成效。2018年起，学校还开启了与美国、澳大利亚等职业教育发达国家的合作交流，为学校今后引进职业教育发达国家高校优质课程资源、选派优秀教师到职业教育发达国家培训学习、开展学术交流、合作办学等奠定了基础。

学校积极与澜湄国家开展农业合作

（五）履行社会服务职责

学校先后被评为全国农业科普示范基地、全国农村科普示范基地、全国新型职业农民培育示范基地、职业院校教师素质提高计划国家级培训项目承担单位优质省级基地、广西职业教育培训基地、广西扶贫培训基地、广西贫困村劳动力转移就业培训基地、广西中等职业教育教师培养培训基地、广西水库移民培训基地，并挂牌成立了广西新型职业农民学院和广西乡村振兴学院。2012 年以来，学校与自治区党委组织部、自治区教育厅、自治区扶贫办、自治区水库和扶贫易地安置中心等政府部门及地方合作，举办各类培训班 635 期，培训 45261 人次。开展“三农”服务工作，组织科技团队和学生志愿者开展“三下乡”活动，多次获得“全区大中专学生志愿者暑期三下乡社会实践活动先进单位”符号。2018 年、2019 年学校获得大中专学生志愿者暑期文化科技卫生“三下乡”社会实践活动全国重点团队 4 支。先后派出 26 名干部参加自治区开展的美丽乡村建设、第一书记派驻和精准扶贫工作。先后有 65 名教师被自治区科学技术厅、南宁市科学技术局聘为贫困县、贫困村科技特派员。

三、创新与特色

学校以内部质量保证体系诊断与改进工作为契机，通过实践检验和理论研究的多次循环，构建了国内有影响力的“SPADE”五维质量保证体系，开展“SPADE”认证合作试点，已有包括 2 所国外院校、7 所中国“双高”计划院校在内的 40 多所院校加入合作认证试点，以标准领航，助力提质培优。

实施“SPADE”学生五到，构建“五位一体”人才培养体系

广西国际商务职业技术学院　樊永生

一、案例背景

2015年10月，教育部《高等职业教育创新发展行动计划（2015—2018年）》提出，要加强分类指导，推动高等职业院校全面建立完善内部质量保证体系。2019年1月，国务院印发《国家职业教育改革实施方案》，提出要建立健全职业教育质量保证制度。2020年9月，教育部等九部门印发《职业教育提质培优行动计划（2020—2023年）》，把探索专业认证列为主要任务。2019年8月，自治区政府印发《广西职业教育改革实施方案》，提出要全面推进职业教育质量保证体系诊断与改进平台建设，完善职业教育质量评价体系。2020年10月3日，中共中央国务院印发《深化新时代教育评价改革总体方案》，提出要改革学生评价，促进学生德智体美劳全面发展。

近年来，学校坚持以习近平新时代中国特色社会主义思想为指导，牢记“为党育人、为国育才”的初心和使命，以培养“SPADE”学生五到（知识学到、技能习到、素质修到、情商悟到、胆商练到）高素质国际化商务应用型人才为目标，落实立德树人根本任务，依据学校“十四五”发展规划目标，按照目标计划、组织实施、检测诊断、改进创新的诊改路径，积极推进“SPADE”学生五到诊断与改进工作，促进人才培养质量的总体提升，为建设新时代中国特色社会主义壮美广西作出积极贡献。

学生“五到”模型

二、主要做法

（一）推行学生“知识学到”，开展“1+X”证书制度试点工作

学校认真贯彻落实《关于在院校实施“学历证书＋若干职业技能等级证书”制度试点方案》文件精神，对接现代服务业岗位发展要求，深入推动“1+X”（学历＋职业技能等级证书）制度试点工作，积极开展书证融通探索，将证书内容融入人才培养方案，不断深化人才培养模式改革。同时，学校以“SPADE”专业认证为契机，构建学分银行，形成跨校跨省教学资源共享机制，实现学习成果认定、积累与转换，对标“SPADE”五维质量保证体系中“学生五到”标准，严格学业管理，不断提高教育教学水平。

（二）推行学生“技能习到”，打造“五级进阶”实践教学体系

学校依托“SPADE”五维质量保证体系，坚持校企合作“九共同”，深化产教融合，科学地将实践教学各环节划分为五个阶段——职业认知期－商萌咖，虚拟商战期－商小咖，实战操练期－商战咖，跟岗实习期－商大咖，顶岗锤炼期－商名咖，形成“五级进阶”式的实践教学体系。通过举办“商咖文化节”“技能进阶周——职业口才技能大赛”“‘思享荟’系列之‘学生工作过程’知识竞赛”等活动，鼓励更多学生通过参与多样化的实践活动，提升专业技能和职业素质，培养学生的专业实践能力。

获全国职业院校技能大赛“货运代理”赛项二等奖

（三）推行学生“素质修到”，打造“五维立体”素质养成体系

学校坚持立德树人根本任务，围绕“商”字做文章，将“第二课堂成绩单制度”深度融入学校人才培养方案，培养学生德智体美劳全面发展的综合素养。积极将桂商文化、第二课堂、

民族风俗、创新创业、国际交流等五大元素融入学生素质培养工作，形成铸魂、出彩、立根、谋新、创特的“五维立体”素质养成体系。推动现代商务文化进课程体系，开设商务礼仪、商务口才、商务写作课程；推动现代商务文化进素质教育，开展丰富多彩的第二课堂、社会实践活动；构建“红色文化、易班文化、传统文化、商业文化、职业文化”五维立体的文化育人内容架构，创建浓郁的文化育人氛围。

（四）推行学生“情商悟到”，打造“第二课堂”育人体系

学校围绕立德树人的根本任务，以“围绕中心、服务大局、找准定位、彰显价值”为理念，积极推进共青团“第二课堂成绩单”制度，组织开展“青年大学习”“青马工程”培训计划，开展大学生“5·25”心理健康教育活动月、“心理健康·幸福成长”线上线下大学生心理健康教育系列话题微课堂讲座，以及“两会”志愿服务工作。坚持助学、筑梦、铸人为宗旨，秉承学生全面发展的理念，继续深化构建以“能力开发”为导向的“济困、扶志、强能”三维立体贫困生资助平台，实现无偿资助与有偿资助、显性资助与隐性资助的有机融合。

（五）推行学生“胆商独到”，打造“商创融合”的创新创业教育体系

学校坚持以创新创业教育作为学校育人的本色，坚持“商创融合＋基地建设＋创客培训＋项目孵化”为核心的基本思路，推行“创业教育与教学改革结合、创业教育与学生管理结合、创业教育与校园文化结合、创业教育与理想信念结合、创业教育与专业教育结合、创业教育与实习实训结合”的“六个结合，全面渗透”的创新创业教育体系，实现了教学系部与入园企业对接、人才培养与企业经营对接、教学资源与企业资源对接、校园文化与企业文化对接、创业园与社会对接“五大对接”，学生就业创业竞争力明显提高。

三、取得成效

学校在“SPADE”质量保证体系下，在学生层面积极主动开展诊改。通过学生个人自我监测、二级学院监测、学生层面内诊平台实时监测，抓好二级学院和学生层面预警，学生发展“五到”模型发挥作用明显，为学生全面发展营造了良好氛围 。对照“SPADE”学生发展“五到”指标体系，学生发展建设目标明确、思路清晰，经过目标实施、自主监测、预警、改进与创新等环节，学生综合能力和素质得到了明显提升。

一是在“知识学到”目标方面，学校获批一至四批“1+X”证书制度试点 19 个，实现各二级学院试点范围全覆盖。学生获 2020—2021 学年度国家奖学金 15 人，国家励志奖学金

463 人，自治区人民政府奖学金 46 人。

二是在“技能习到”目标方面，2021 年，学生在全国各类职业技能比赛中，共荣获一等奖 9 项，二等奖 4 项，三等奖 5 项。在全区各类职业技能比赛中，荣获一等奖 17 项，二等奖 9 项，三等奖 14 项，铜奖 19 项，优秀奖 2 项。其中，学校参加 2021 年广西职业院校技能大赛，一等奖获奖数量位列广西第二，代表广西参加全国职业院校技能大赛，赛项数量位列广西第一。

三是在“素质修到”目标方面，学校“全方位育人‘三用’新模式”入选全国优秀易班共建案例，荣获 2021 年易班优课大学生党史学习知识竞赛优秀组织奖，学校易班网络易指数的共建指数在全国 1763 所高校中居第 14 名、广西第 1 名；学校在第六届广西大学生艺术展演比赛中荣获一等奖 2 项、三等奖 10 项以及优秀组织奖。

学校全方位育人“三用”新模式荣获全国优秀易班共建案例荣誉证书

四是在“情商悟到”目标方面，培养造就了一大批对党忠诚、信仰坚定、素质优良、作风过硬的高校青年政治骨干和一批德智体美劳全面发展的社会有用人才。

五是在“胆商练到”目标方面，学生参加全国职业院校技能大赛荣获高职组“创新创业”赛项团体三等奖，学校荣获“2021 年度全区普通高校毕业生就业创业工作突出单位”“广西高校大学生创新创业典型示范基地”称号，1 名学生荣获广西大学生创业明星专项赛第一名。

四、亮点与启示

（一）理念创新：基于新时代“人的全面发展”理论提出学生五到

聚焦新时代学生评价改革发展的新要求，以新时代高校思想政治工作高质量发展为引领，多措并举健全德技并修育人机制，实现学生“知识学到、技能习到、素质修到、情商悟到、胆商练到”，促进学生德智体美劳全面发展，培养担当民族复兴大任的时代新人。

（二）体制创新：建立具有商科特色的“SPADE”学生五到标准体系

围绕商科特色，构建“SPADE”学生五到标准体系，从“知识学到、技能习到、素质修到、情商悟到、胆商练到”五个方面18个具体诊断点和58个观测点来制定学生职业能力、思想政治素质、身心健康素质的综合评价标准，相关成果被《光明日报》《中国教育报》《中国青年报》等主流媒体宣传报道。

（三）机制创新：建立“8”字螺旋全过程动态质量保证机制

通过年初制定计划、年中检查、年终总结，实现全过程动态跟踪管理，推进“8”字形质量改进螺旋机制、信息化反馈与控制机制的有效运行，确保年度学生层面目标任务高质量完成，推动学校人才培养质量的持续提升。

"SPADE"模型在理工类普通中等专业学校内部质量诊断与改进中的应用

甘肃省理工中等专业学校　陈胜利

一、应用背景

人才培养是职业学校的根本任务，人才培养水平是衡量职业人才培养质量的首要标准。"SPADE"模型是一种人才培养质量保障体系，模型理念为学生中心、目标导向、持续改进，是职业学校开展自我评估、建立健全教育质量保障体系的一项重要手段，能够客观反映学校实际情况，紧扣职业人才培养工作，分析教学基本状态，突出教学改革亮点、成就和经验，准确把握存在的问题，全面展示职业学校人才培养状况和质量。

"SPADE"模型因其全面、准确的指标体系和有效性，在职业院校内产生了一定的影响。"SPADE"模型包括五大维度，其中，"S"是指教师发展五独（Special）、"P"是指专业建设五力（Power）、"A"是指学生成长五到（Achievement）、"D"是指课程建设五度（Dimension）、"E"是指学校发展五重（Emphasize）。从五大维度建立起立体模型，对人才培养质量进行评测。

我校是一所甘肃省教育厅直属管理的国家级重点中等专业学校，培养服务于西北地区的理工类人才。为有效提高人才培养的质量，学校将"SPADE"评价体系引入学校建设，探索"SPADE"模型在理工类中等专业学校内部质量诊断与改进工作中的应用。

二、具体做法

（一）提升教师发展五独，加强师资队伍建设

教师教育教学能力是专业诊断中重要的考查方面。"SPADE"从育人情操特高、教学能力特强、科研能力特优、教师魅力特有、仁爱之心特显五个方面，对教师师德师风、职业素养、专业知识、综合能力等进行全方位考查，从整体上反映专业现任教师情况，对教师队伍进行评估和画像。

为促进教师专业发展，提高教师综合素质，磨炼教学内功，提升教学质量，建立和完善学校教学工作自主诊断、持续改进常态化周期性工作制度和运行机制，学校围绕"SPADE"模型开展了教师教学诊断与改进课堂教学能力竞赛活动。"SPADE"通过对教师队伍专业带头人资质与条件、专业带头人成果与荣誉、教师团队数量结构、专业教师能力素质、专业教师发展等方面进行评价，发现学校在师资结构、教师能力素质等方面仍存在提升空间。据此，学校根据诊断中发现的问题进行提升整改。

学校组织教师开展专业课题研究

学校实施"名师工程"，大力推进专业教学团队建设，高度重视教师职业道德培养和教学能力培训，学科（专业）带头人在行业、区域内具有较高影响力，专业教师中"双师型"教师比例达到50%以上。教师队伍专兼结合、结构合理。教学团队中有全国优秀教师2人、甘肃省劳动模范1人、甘肃省园丁奖优秀教师4人，获全省学生技能大赛优秀指导教师37人次。学校积极组织教师参加各类教师能力素质比赛，开展专业课题研究，鼓励教师积极在专业期刊发表论文。通过具体指标的提升，教师队伍建设取得了明显成效。

（二）提升专业建设五力，加强优势专业建设

建校以来，学校积极贯彻"面向区域经济需求，以点带面，重点突破，全面推进"的专业建设思路。围绕甘肃现代制造、建筑、信息、旅游服务、商贸物流、新能源等热点和支柱产业的发展需求，进行专业设置和专业结构调整。开设了建筑工程施工、汽车运用与维修、计算机应用等16个专业，拓宽了专业覆盖面，提高了办学的适应性。

学校运用“SPADE”模型，通过对专业发展潜力、教师魅力、课程保证力、就业竞争力和社会影响力5大方面、23个诊断点、100余个观测点，对各专业建设和发展情况进行了全面、深入剖析，找准问题，列出清单，为后续整改工作提供依据。

根据诊断结果，学校积极开展教学改革，改进教学方法和教学手段，突出技能培养，提高了教学质量。各重点专业通过人才需求与专业调研、进行岗位能力分析，构建了符合企业需求和学生实际的专业课程体系，并开发了相关专业的课程标准。实施职业技能鉴定制度，开展面向各专业学生的职业技能培训和鉴定工作，实现了毕业生双证、多证融通培养教育模式。坚持走特色、质量、内涵发展道路，技术技能人才培养质量稳步提升。学校根据职业岗位的知识、能力、素质结构要求，围绕课程与岗位的融合度，合理设置课程教学团队，创新教学方法，改革考核评价方式，不断优化提高课程教学质量。

（三）提升课程建设五度，优化课程设置合理性、科学性

课程是支撑专业建设的重要模块。“SPADE”模型通过对课程符合度、完整度、满意度、创新度、达成度五个方面的考核，全面观测课程设置及结构的合理性、科学性。在诊断中，学校课程设置在符合岗位需要方面暴露了一些不足。

根据诊断结果，学校进一步规范课程设置，改革课程标准，更新课程内容。科学设置专业技能课程，使专业技能课程设置与培养目标相适应，课程内容紧密联系生产劳动实际和社会实践，突出应用性和实践性，注重学生职业能力和职业精神的培养。根据专业人才培养方案总体要求，制订、修订专业课程标准，明确课程目标，优化课程内容，规范教学过程，紧盯技术和产业升级需求，及时将新技术、新工艺、新规范纳入教材，探索使用新型活页式、工作手册式教材，并配套信息化资源，引入典型生产案例。同时，学校加快建设智能化教学支持环境，建设能够满足多样化需求的课程资源，创新服务供给模式，服务学生终身学习。

（四）提升学生成长五到，实现人才培养质量再上台阶

“SPADE”模型从知识学到、技能习到、素质修到、情商悟到、胆商练到五个方面，对学生专业学习情况进行考查，从学生专业学习和行为习惯习得效果和反馈上，反映专业建设实际情况，找出薄弱方面，倒推问题环节，实现诊断流程的闭环。

根据“SPADE”模型具体指标，学校在人才培养方面开展了一系列具体工作，在人才培养模式上进行了积极的探索和实践，有效地提高了学生的职业能力。2021年，学校参照相关职业资格标准，对各重点骨干专业及相关专业群内的课程体系进行重新建构，从培养目标、

职业范围、人才规格、主要接续专业、专业课程设置及要求、教学时间安排、教学实施、教学评价等方面，形成了注重职业素质和职业发展能力的专业人才培养方案。学校积极组织学生参加各类职业技能大赛，连续开展十四届“工匠杯”学生技能大赛，弘扬工匠精神，提高人才培养质量，促进教育教学工作，推进校企合作、工学结合，培养高素质技术技能型人才。

学生在智能家居样板操作间

（五）围绕学校发展五重，提升学校办学能力

“SPADE”学校发展五重模型包括重规划、重体系、重制度、重考核、重保障 5 个维度。学校各指标考察情况良好。学校高度重视党的建设对学校发展和人才培养的纲领性作用，以党的建设总揽学校发展全局，推进学校事业新发展、新进步。围绕这一思路，学校党委始终坚持党的领导、坚持和完善民主集中制、严格党内政治生活，为推动学校整体发展提供了强大政治保障和动力，学校 2 个支部被省教育厅评为“先进基层党组织”。学校始终坚持党的教育方针和社会主义的办学方向，确立了面向社会、教书育人、从严治校的办学指导思想，树立了“一切为学生成人成才和就业着想”的办学理念，形成了“求真务实、开拓创新、团结进取”的良好校风。办学形式长短结合，学历教育与职业培训并举，全日制与非全日制并重。建校以来，为社会培养输送毕业生 1 万多名，培训各类技术技能人员 2 万多人次。学校依托

骨干重点专业的优质资源，发挥甘肃省中小企业服务机构的职能作用，提高学校服务区域内中小企业、小微企业、民营经济的能力，积极承担短期职业技能培训和岗位能力培训。近三年，为社会、中小企业完成建筑、信息、汽修等专业技能人才考证、培训，服务6000多人。学校曾被武威市委、市政府评为“支持地方经济发展先进单位”“市级文明单位”。

三、总结

“SPADE”模型通过多级评估量表的设计，对量表数据进行信息收集和统计分析；通过源头收集和多层次审计，确保数据的可靠性和有效性；通过对中等职业教学进行深入诊断剖析，利用数据分析和深入细致的调查，找出人才培养中的问题和负面清单。全面、完善的指标体系和诊断方案，为中等专业学校近期发展目标和改进专业发展提供可靠的基础，从而提出有效的纠正措施，形成自我完善的内在机制。同时，“SPADE”模型能够促进中等专业学校构建教学工作自主诊断、持续改进的工作制度和运行机制，以提高人才培养质量为核心，以诊改工作实施方案为基础，通过教学诊断与改进工作，逐步建立和完善内部质量保证制度体系，形成具有本校特色的质量文化。

“SPADE”五维质量保证体系提升中职办学质量

民乐县职教中心学校 杨海年

一、中职院校“SPADE”模型构建

民乐县职教中心学校以学生成长成才为中心，坚持育德、修技并重，全面落实立德树人根本任务。学校建有计算机信息中心，拥有微机室4间、多媒体多功能厅3间、视听阅览室1间，计算机450多台，建成了“三级一体”网络信息系统试点和民乐职教网站。学校本着“政府主导、行业指导、企业参与”的办学原则，走出了一条“职普结合、职成结合，学历教育与短期培训并重、教学与科研并重”的“双合双并”特色办学之路，形成了多形式、多层次、多门类办学模式。

学校根据2015年《教育部办公厅关于建立职业院校教学工作诊断与改进制度的通知》要求，结合我校实际情况，推行了教师发展五独（Special）、专业建设五力（Power）、学生成长五到（Achievement）、课程建设五度（Dimension）、学校发展五重（Emphasize）的“SPADE”五维质量保证体系。为学校实现全面质量管理提供信息化技术支撑。

“SPADE”五维质量保证体系将学校的质量保证组织、目标、标准、制度等四个链条有效贯通，建立内部质量诊断与改进机制，通过分析质量生成过程，寻找质量的关键控制点（环节），运用制度、机制、能力、文化、行动等实施控制，让制度运行成为机制，让机制坚持成为能力，让能力升华成为文化，让文化自觉成为内生动力，从而实现院校内部质量管理现代化，使“五纵五横一平台”的学校内部人才培养质量保证体系有效实施，形成常态化可持续的质量保证。

二、“SPADE”五维质量保证体系建设成效

推行“SPADE”学校发展五重标准体系以来，学校定期对标发展战略目标，及时发现和纠正偏离目标战略的各种行为，确保各项人才培养目标的实现，学校影响力明显提升。规范化、制度化的人才建设工作已经成为我校提升教育水平的一项重要举措。

推行“SPADE”专业建设五力标准体系以来，学校从思想上高度重视教师整体队伍建设。

根据专业的性质和特点，将学校专业课教师从整体结构上界定为两支教师队伍——专职教师和兼职教师；两种教师类型——理论课教师和实践课教师，并规定了各自的比例。以兼职教师的比例要求来保证学校与外界社会的联系，以实践课教师的比例要求来保证学校实践教学的成效。

推行“SPADE”专业建设五力标准体系以来，学校结合岗位要求和人才培养目标，形成具体的课程标准。通过建设具有学校专业特色的在线精品课程，助推课程建设水平稳步提升。近几年来，学校共承担 10 多项国家级、省级重点课题的研究，其中获市级以上奖励成果 8 项；在 10 多种国家级和省级刊物上发表教育教学论文 100 多篇，编审中职教材 13 部，共有 50 多项多媒体课件荣获国家和省市级奖项。

推行“SPADE”专业建设五力标准体系以来，学校从政策上成立专业组织，完善专业、课程设置标准，落实培训经费保障，维护“双师型”教师专业发展权益，并面向全社会认定教师资格，拓宽教师来源渠道，引入竞争机制，吸引企业优秀工程技术和管理人员到学校任教。同时，在教师建设中，加强教师在高水平高等院校进行专业培训，提高教师的学历层次和实践技能，培养学科带头人、骨干教师和“双师型”教师。学校 1 名教师被评为省级骨干教师，5 名教师被评为市级骨干教师，26 名教师被评为县级骨干教师，10 名教师荣获市级学科带头人称号，16 名教师荣获县级学科带头人荣誉，28 名教师成为“双师型”教师。另外，学校先后派出 22 名教师参加国家级职教师资培训，40 多名教师参加省、市级专业培训，1 名教师赴德国培训，14 名教师下企业实习锻炼。

推行“SPADE”专业建设五力标准体系以来，民乐县职教中心学校顺应职业教育发展形势和三校生高考改革步伐，实施“一年级夯实理论基础、二年级培养专业技能、三年级提升综合素质”三段式教学模式，贯通人才多元化成长渠道，推进单独测试、综合评价、“三校生”对口考试等模式的考核，做好中等职业学校学生“专业知识测试 + 文化素质测试 + 技能水平测试”考核工作，为打通从中职、专科、本科到研究生的上升通道创造条件，实现了升学有门，就业有路！

学校实训中心

学生实践训练

学校开展产教融合、校企合作

以“SPADE”模型为依托 提升学校办学水平

武威市凉州区职业中等专业学校　何生玉

武威市凉州区职业中等专业学校是一所以服装制作、计算机应用、电算会计和电子电器为主，含幼师、烹饪、美容美发、数控、机电一体化多专业的职业中等专业学校。学校根据党的教育方针和国家、省、市、区政府关于加快发展职业教育的精神，以推动当地经济建设、推动产业结构调整和提高经济效益为服务方向，以“创名牌学校，办特色专业，育创新人才”为办学目标，强化教学管理，完善专业设置，优化设施设备，加强师资建设，狠抓就业升学，使学校办学规模不断扩大，教学质量全面提高。

在办学过程中，学校不断探索创新方式方法，多措并举，提升办学水平。“SPADE”模型是广西国际商务职业技术学院在长期理论研究与实践探索的基础上，为提高内部教学水平和人才培养质量而构建的一个诊断模型。“SPADE”模型分为五个维度，将诊改与改进工作分解为一系列具体和可衡量的指标，其中，“S”是指教师发展五独（Special）、“P”是指专业建设五力（Power）、“A”是指学生成长五到（Achievement）、“D”是指课程建设五度（Dimension）、“E”是指学校发展五重（Emphasize）。学校以“SPADE”模型为依托，从教师、专业、学生、课程、学校五个方面着手，着力提升教育教学水平和办学质量，形成了特色鲜明的办学优势。

一、优化顶层设计，全力推进优质校建设

“SPADE”模型中，学校发展五重是重要的评价指标。学校围绕“质量立校、科研兴校、特色强校”的办学思路，加强顶层设计，以优质校建设为目标，推进学校标准化建设，夯实办学基础，深化“三教”改革。同时，学校建立了严格的法人治理组织机构和合理监督制约机制，建立科学的用人机制、公平的激励机制，健全学校的各项规章制度。学校充分发挥教研科研在教育教学活动中的引领作用，教学改革研究项目落地生根，2018 年以来学校共有 13 项省级一般课题、1 项省级重点课题立项，其中 10 项已结题。

学校以“立德树人”为根本，校长主抓德育工作，在德育与教学融合的基础上，又进一步探索实施了“课程思政”新模式，将思政教育渗透于每一个专业、每一门课程，时时处处引导学生扣好人生的第一粒扣子。不断完善思政教育载体和平台，营造了“人人是思政教师、处处是思政阵地、时时是教育契机”的浓郁氛围。

学校坚持“立德树人”为根本，秉承“长善、竞技、追梦”的校训，推进以校园为主要空间，以学校管理者和全体师生员工为主体，以校园环境和师生实践活动为载体，以精神文化为核心的物质文化、制度文化、精神文化相统一的校园文化体系建设。

学校根据“资源共享，优势互补，合作共赢，共同发展”的原则，积极开展“321”校企合作模式：实行3层对接——专业对接产业、课程对接岗位、实习对接生产；建好2种课堂——把企业搬进学校，把课堂搬进企业；实现1个目标——企业生产性效益和学校教育性效益共享共赢。

学校围绕“经济强市、生态大市、文化旅游名市”的发展战略，借助国家开放大学凉州学院，打造多元化培训模式，针对区域和行业产业发展需求，积极开展面向社会的非学历职业技能培训、职工继续教育及社会培训鉴定等服务，累计为企业职工、下岗人员、退役军人、进城务工人员、转岗人员、城镇化进程中的新市民、城乡待业人员、残疾人、农村实用人才等社会群体开展职业技能培训和创业培训12000人次以上，取得显著的社会效益和经济效益。

二、深化“三教”改革，提升教育教学水平

教育教学是学校办学最重要的工作。学校围绕“SPADE”模型各项指标，进一步深化“三教”改革，建立教师多元化成长的考评激励机制，修订《凉州区职业中专教师工作考核评价制度》《凉州区职业中专教师业务考核制度》《凉州区职业中专教师激励办法》，建立教师师德师风考核制度，完善《凉州区职业中专教师师德师风考核办法》。学校组建培育国家级、省级高水平、结构化教师教学创新团队，以现有甘肃省职业教育何生玉工作室和凉州区德育、文化教育艺术、信息技术3个名师工作室为依托，在校内3个重点专业挑选骨干力量，打造2个省级教师教学创新团队，打造1个国家级教师教学创新团队。通过名师引导、境外研修、专业比拼等方式，全面提升教师教学创新团队的整体实力。教学技能大赛硕果累累，在2018年全省职业院校教学能力比赛中，3人获得全省职业院校教学能力比赛一等奖，12人获三等奖；在2019年全省职业院校教学能力比赛中，2人获得全省职业院校教学能力比赛一等奖；在2019年甘肃省中职学校教师技能大赛中，3人获得一等奖；在2018年第十四届甘肃省中等职业学校“文明风采”竞赛活动中，共有83人次获“优秀指导教师”奖。

在课程建设方面，制定专业课程资源库建设方案，以各专业核心课程精品课、课程思政微课、工作手册式新型教材为主要内容，搭建15个数字化教学资源库。根据学校现有专业设置情况，研究制定建设100门职业教育在线精品课程方案。向高教社“爱课程”网推出的中

国大学 MOOC（慕课）等教育部门认可的开发机构购买 60 门精品课，学校确定 40 门专业核心课程，与合作企业共同打造建成省级精品课。加强教材建设，以工作任务为核心，制定学前教育、电子商务、护理等专业工作手册式教材编制计划。编写学前教育、电子商务、护理等 12 个专业的 36 门专业课程的活页式、工作手册式新型教材。

三、聚焦专业建设，打造高水平优质专业

“SPADE”模型通过对专业发展潜力、教师魅力、课程保证力、就业竞争力和社会影响力五大方面、23 个诊断点、100 余个观测点，对专业建设和发展情况进行全面、深入剖析，找准问题。根据“SPADE”模型各项指标，学校进一步夯实专业建设，打造高水平优质专业。在现有汽车运用与维修专业和电子商务专业现代学徒制试点工作的基础上，制定学前教育、护理、中餐烹饪和电工与新能源技术 4 个专业新型学徒制实施方案，确定合作企业及兼职教师（师傅）、确定培养对象（徒弟），制定紧贴产业、特色鲜明的教学实训计划，购置配套的实训设施设备。从行业、企业聘请高水平专业人员，对学生进行师徒结对培养培训，提升学生专业技能水平，鼓励学生考取职业技能等级证；让学生进入企业进行顶岗实习，进一步提升技能水平，最终达到高水平就业，进一步扩大专业影响力；依托省教育厅国际交流处，积极与境外职业院校、培训机构对接，合作开展新型学徒制学生境外交流学习。

学校依托骨干专业和实训基地，积极开展面向社会的非学历职业技能培训、职工继续教育及社会培训鉴定等服务，创新培训形式，提升培训质量。建成县域职业教育通用培训平台，建成国家开放大学凉州学院、凉州区劳动力转移培训基地等 2 个职业教育技术技能培训基地，年培训 26000 人次。

四、关注人才培养，提升学生综合素质

“SPADE”模型从知识学到、技能习到、素质修到、情商悟到、胆商练到 5 个方面，对学生专业学习情况进行考查。根据相关指标，学校坚持以学生发展为中心，积极推动专业教育与思想政治教育紧密结合，切实提高学生思想道德品质和职业道德素养，全面提高人才培养质量，造就德才兼备的有为人才。加强对学生日常行为习惯养成教育，抓实学习习惯，抓严生活习惯，抓细行为习惯。将培养职业技能和职业精神高度融合，在实训中引导学生形成劳

动光荣、技能宝贵、创造伟大的观念；培养学生的专业精神、职业精神和工匠精神，培养学生的敬业奉献、诚实守信、精益求精、追求卓越、开拓创新等精神品格。

学校大力推行校企合作、工学结合、订单培养、合作办学等新型培养模式。涉农专业实行“田间即课堂、温棚即教室”的培养模式；养殖专业形成了集繁育、改良、防疫、养殖、辐射为一体的培养模式；机械加工专业推行“工厂即课堂、师傅即老师”的校企合作模式；汽修专业形成了“前场后校、校中场、场中校”的培养模式。学校坚持“学生为适应市场需求而学，学校为适应学生择业而教”的原则，按企业需求，进行订单培养，多年来，为省内外经济社会发展培养和输送了大批具有创新精神和较强实践能力的实用型、技能型、复合型中级专业技术人才，为武威乃至周边地区办好职业教育发挥了示范和表率作用。

“SPADE”模式以其全面、科学的指标体系，为学校近期发展目标和改进专业发展提供了可靠的基础，从而帮助学校提出有效的整改措施，为学校优质校建设提供了具体方向和路径。

基于"SPADE"模型的中职服装专业学生顶岗实习管理探索

中山市沙溪理工学校　康有华　陈彦玮

一、案例背景

当前，我国中职学校专业培养是"2.5+0.5"模式，也就是两年半在学校学习基础文化和专业理论知识以及专业实操技能，最后半年到企业顶岗实习。中山市沙溪理工学校是全国165家首批教育部现代学徒制试点单位之一，结合中山服装产业的发展情况，学校服装部与10多个企业共同建立起顶岗实习校企合作培养模式。

二、顶岗实习的意义和存在的问题

（一）顶岗实习的意义

顶岗实习是学校安排在校学生实习的一种方式，非基础教育学生毕业前通常会进行实习，方式有集中实习、分散实习、顶岗实习等。顶岗实习是职校学生培养计划中一个十分重要的组成部分，是校企合作在互惠互利中不断深化的必然趋势，是广大学生顺应社会发展、早日成才的必然要求，是工学结合、理论实践一体化职教理念在广大师生中生根发芽的必然结果，也是学校拓展内涵、提升质量的必然选择。

（二）顶岗实习管理过程中存在的问题

1. 顶岗实习岗位与专业内容的对口问题有待改进

随着生活节奏的加快，衍生了很多热门的专业与新专业，也使得一些传统专业变得不受欢迎。以服装专业为例，学校所在的沙溪镇是全国休闲服装重镇，以往的学生往往会被安排在服装加工厂实习，随着产业的升级，服装专业的学生面向的市场更加广泛，专业内容更倾向于市场端、设计端和销售端，而学校还是一如既往地与传统的服装加工企业合作，这就造成了顶岗实习岗位与专业内容不匹配的情况。

2. 对安全关注较多，缺乏专业实习指导

带队教师的管理压力较大。通常情况下，中职学校都会委派服装专业教师以指导教师的身份全程参与到学生的顶岗实习。指导教师的职能主要体现在对实习学生实施日常管理，并与企业进行实习事宜的沟通，但是在专业实习工作的指导上缺乏话语权，只关心学生的人身安全，缺乏专业实习指导。

3. 企业重视度不够

企业的培养热情低，合作不够。管理交给学校方，工作交给企业。企业对校企合作顶岗实习不够重视，只注重用工带来的利益。

三、引入“SPADE”模型

经过多年校企合作顶岗实习的管理探索与实践，学校引入“SPADE”人才培养质量保障体系，探讨构建更为合理、科学、全面的中职学生实习管理体系。

（一）以“SPADE”学校发展五重为引领，健全顶岗实习制度

“SPADE”学校发展五重模型包括重规划、重体系、重制度、重考核、重保障5个维度。完善的制度、规范的管理是保证顶岗实习教学质量的必要条件。在学生顶岗实习期间，依托“SPADE”学校发展五重标准体系，建立健全顶岗实习管理制度并落实到具体的实习指导教师，真正做到“学生顶岗实习到哪里，教学管理就延伸到哪里”。学校对顶岗实习学生进行劳动安全教育、相关法律教育培训，让学生知道在实习过程中应该注意的安全问题，并学会用法律武器保护自己。

完善顶岗实习的考核与评价，只有通过考核与评价才知道顶岗实习的效果。学校对学生顶岗实习的考核与评价主要通过学生顶岗实习指导教师进行，依据学校制定的人才培养目标、教学计划和顶岗实习方案，结合日常的寻访记录、学生《顶岗实习小结》完成情况以及《顶岗实习报告》完成情况、职业技能形成情况对学生进行考核。教师每周对顶岗实习报告进行评价，发现顶岗实习过程中学生出现的问题，及时反馈学校和企业，并给予学生指导，更好地帮助学生解决问题。

（二）以“SPADE”专业建设五力为导向，积极建设校内实习基地

“SPADE”专业建设五力包括发展潜力、教师魅力、课程保证力、就业竞争力、社会影响力5个维度。以专业建设五力为依据，探索校内实习基地的建设，对于拓宽实习渠道、深化

顶岗实习内涵有重要意义。沙溪理工学校服装专业把一批顶岗实习企业引进到学校，目前校内校企合作工作室有非遗工作室、高级定制工作室、陈小莲童装设计工作室、大正小轩服装陈列设计工作室、女神战袍工作室、尚道针织毛衫工作室、九寸钉休闲男装工作室、一体化设计工作室、张肇达大师·中山研究院、咖蓝女装工作室等，这些工作室涉及服装专业的纸板、纸样、设计、销售、运营，极大拓宽了学生学习的范围，对学生的专业实习有较强的针对性，由于开设在校内，安全系数以及管理系数均有较大的提高，可以真正做到精准育人。为了更好地对接校企合作顶岗实习，学校服装专业的专业课程设置按照真实企业的需要进行了改革。改革后，高二的课程包括职业能力素养模块、基础技能培训模块、创新创意培训模块，这为学生将来进入企业顶岗实习奠定了基础。

九寸钉休闲男装设计工作室

中山英仕婚纱礼服工作室

大正小轩服装陈列设计工作室

（三）围绕"SPADE"教师发展五独标准，加强指导教师专业能力培养

沙溪理工学校以育人情操独有、教学能力独到、教师魅力独特、科研能力独具、仁爱之心独秀这5个维度作为顶岗实习教师考核指标，强化顶岗实习师资队伍建设。学校成为首批国家示范性职校以来一直努力打造双师型师资队伍，"鹰成长"师资培养计划成为国家双师型建设的案例。从学校层面来说，应当建立持续连贯长效的培养机制。目前，沙溪理工学校在校企合作、教师实践技能培训方面不断探索，通过学校与企业的专业培训，提高教师的专业能力素养，拓宽教师的思维和视角，使其能更好地服务于顶岗实习管理。

（四）以"SPADE"学生成长五到为目标，加强服装专业学生职业能力素养培养

以"SPADE"知识学到、技能习到、素质修到、情商悟到、胆商独到5个维度为依据，加强就业指导课程建设，帮助学生从思想上和心理上做好实习与就业的充分准备。对于学生对工作岗位不适应的问题，校企双方要在学生上岗前对其进行深入细致的教育，让学生熟悉岗位情况，上岗后还要对学生进行爱岗敬业教育，加强职业理想、职业道德等方面的思想教育，为学生完成从"学校人"到"职业人"角色的成功转换把好脉、掌好舵。

四、取得成效

引入"SPADE"模型，学校服装专业师生共同成长，在顶岗实习管理中取得了一定的成效。学校《"专业对接产业链"服装人才培养模式的改革与实践》获得国家教学成果二等奖；《基于工作室的中职专业课堂教学改革与实践》获得广东省教学成果奖一等奖；《"产教融合、双元育人"人才培养模式的改革与实践》获得广东省教学成果奖二等奖；《中等职业教育产教融合校

企合作办学机制研究》在广东省教育科学“十二五”规划中等职业教育教学改革项目验收中评为优秀。服装专业 1 位教师获得全国十佳制版师称号，中山市“工匠新星”称号；2 位教师获得了广东省十佳服装设计师称号。学生在顶岗实习过程中成长很快，根据实习企业的反馈，95% 的学生能按照企业岗位要求完满完成岗位工作；多名学生通过服装技能竞赛和模特表演大赛获奖，免试进入深圳职业技术学院等广东省排名前位的大专院校；学生参加全国职业院校艺术设计类作品“广交会”同步交易展作品设计大赛获二等奖。服装专业学生初次就业率一直保持在 93% 以上，初次对口就业率保持在 75% 以上，毕业生满意度为 100%，用人单位满意度保持在 95% 以上。

教师定期到企业与学生召开顶岗实习会议

学生在中山某服装企业进行设计岗位顶岗实习（一）

学生在中山某服装企业进行设计岗位顶岗实习（二）

五、创新与特色

服装专业顶岗实习引入“SPADE”五维质量保证体系，通过实践检验和理论研究的多次循环，验证了“SPADE”五维质量保证体系对于学生实习管理的效果是显著的，为中山市沙溪理工学校推进广东省服装专业群高水平建设提供了一定的参考价值。

下篇

职业院校内部质量保证体系“SPADE”诊改模型的构建

广西国际商务职业技术学院　李庆文

【摘要】国务院印发《国家职业教育改革实施方案》指出，为了全面提升职业教育的质量和人才培养水平，要建立健全职业教育质量评价和督导评价制度。可见，在当今职业教育发展背景下，推进内部质量保证体系诊断与改进工作，提升职业院校教育质量的自我保证能力，是职业院校亟待解决的重要问题。职业院校的人才培养职能都要以具体的专业为载体，并通过一系列相互关联且系统化的课程体系来实现。科学合理地构建职业院校内部质量保证体系的诊改模型，就应当遵循“以学生为中心，以专业为载体，以学校为办学主体，以课程和教师为两翼”的路径，“SPADE”诊改模型总体框架正是基于以上逻辑而建构的。

2019年1月，国务院印发《国家职业教育改革实施方案》指出，随着我国经济社会发展迈进新时代，产业升级以及结构调整的步伐越来越快，从而对技术技能型人才产生了越来越紧迫的需求，这就需要职业教育发挥更大的作用。为了全面提升职业教育的质量和人才培养水平，方案明确提出要建立健全职业教育质量评价和督导评价制度。可见，在当今职业教育发展背景下，推进内部质量保证体系诊断与改进工作，提升职业院校教育质量的自我保证能力和水平，是职业院校亟待解决的重要问题。

一、职业院校内部质量保证体系诊改模型的构建思路

2015年6月，教育部发布《关于建立职业院校教学工作诊断与改进制度的通知》（教职成厅〔2015〕2号），明确要求职业院校根据自身办学定位以及人才培养目标，在专业设置、师资队伍打造、专业及课程建设与改革、学校管理体系等方面推进诊断与改进工作，并构建以保证人才培养质量为目的的常态化工作机制。随后，为了保证职业教育教学质量，教育部出台了《高等职业院校内部质量保证体系诊断与改进指导方案（试行）》（教职成司函〔2015〕168号）。这些文件的相继出台，引发了各地教育部门对职业院校内部质量保证体系相关工作的高度重视，同时也掀起了全国职业院校开展内部质量保证体系诊断工作的高潮。职业院校内部质量保证体系，简而言之，就是为了达到不断提升教育教学质量的目的而开展有效的不间断的质量管理活动的体系。在职业教育教学质量的保证体系中，职业院校作为办学方，理

所当然要承担起保证教学质量的主体责任，同时通过对教学工作全员、全方位、全过程的不断的自我诊断与改进，完善学校内部质量保证体系，以达到教学质量和人才培养水平的持续提高。

职业教育作为与普通教育不同类型的教育，主要为区域经济社会发展培养应用型技术技能人才，因此，在构建职业院校内部质量保证体系诊改模型时，职业院校首先要牢牢确定人才培养目标的唯一内核地位，也就是说，必须把学生的成才成长作为办学的出发点和落脚点，同时构建出与职业院校办学定位和人才培养目标相吻合的目标链与标准链。职业院校的人才培养职能，都要以具体的专业为载体，并通过一系列相互关联且系统化的课程体系来实现。在“一切为了学生，为了一切学生，为了学生一切”教育理念的指导下，作为学校工作中心的教育教学活动要紧紧围绕课程进行。课程是教学活动的主导，是教学中教师和学生行为存在的依据，决定着教师如何对学生进行辅导，以及学生如何开展学习；课程、教师、学生作为教学存在的三要素，互相依存，缺一不可；课程、教师、学生三要素的互相交融，共同决定着教学的质量和效果，对专业人才培养目标的实现起着决定性的作用。因此，科学合理地构建职业院校内部质量保证体系的诊改模型，就应该遵循“以学生为中心，以专业为载体，以学校为办学主体，以课程和教师为两翼”的路径，职业院校内部质量保证体系“SPADE”诊改框架正是基于以上逻辑而建构的。

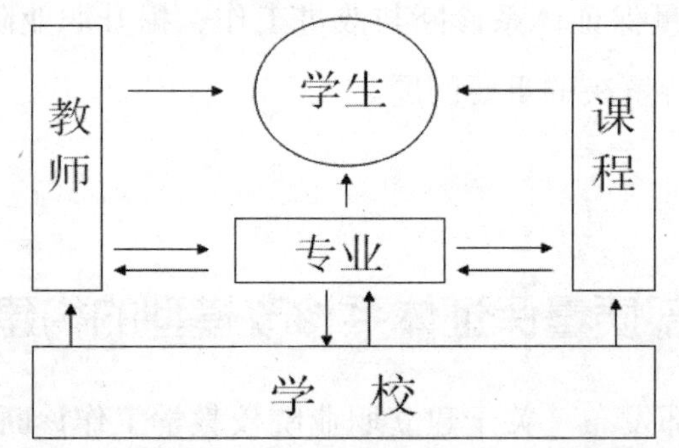

职业院校内部质量保证体系“SPADE”诊改模型框架

二、“SPADE”诊改模型的构建

依据职业院校内部质量保证体系诊改模型的构建思路，结合广西国际商务职业技术学院多年的诊改实践经验，构建了“SPADE”诊改模型。“SPADE”取自诊改模型中教师发展五独、专业建设五力、学生成长五到、课程建设五度、学校发展五重这个5个诊改层面核心词的英文单词首写字母的组合，每个层面包含5个维度，共设立了100余个诊断点。其中，学校发展五重是指重规划、重体系、重制度、重考核、重保障；专业建设五力是指发展潜力、教师魅力、课程保证力、就业竞争力、社会影响力；课程建设五度是指符合度、完整度、满意度、创新度、达成度；教师发展五独是指育人情操独有、教学能力独到、教师魅力独特、科研能力独创、仁爱之心独秀；学生成长五到是指知识学到、技能练到、素质达到、情商悟到、胆商独到。

职业院校内部质量保证体系“SPADE”诊改模型

在学校层面，围绕“建成现代商务特色鲜明的国际化高等职业教育强校”的学校“十三五”发展目标，构建“学校发展五重”模型，从重规划、重体系、重制度、重考核、重保障五个方面对学院发展能力及人才培养质量进行全面的诊改。

“学校发展五重”模型

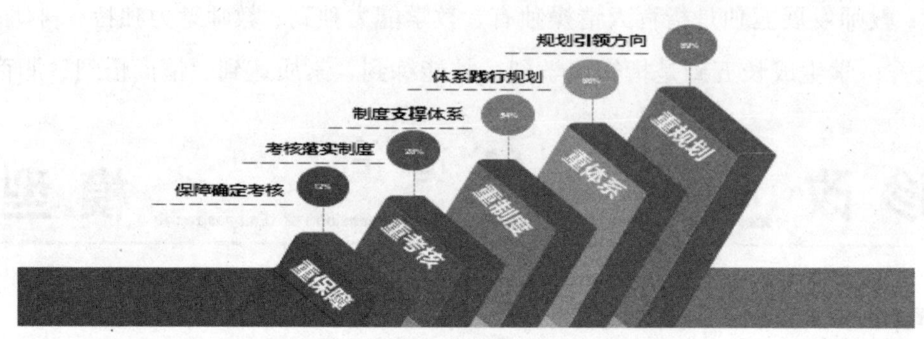

“学校发展五重”模型

在专业层面，以“校企合作、产教融合、服务区域经济发展、培养现代商务高素质应用型人才”为建设理念及目标，构建“专业建设五力”模型，从专业发展潜力、教师魅力、课程保证力、就业竞争力、社会影响力五个方面对专业的建设与发展进行诊改。

P “专业建设五力”模型

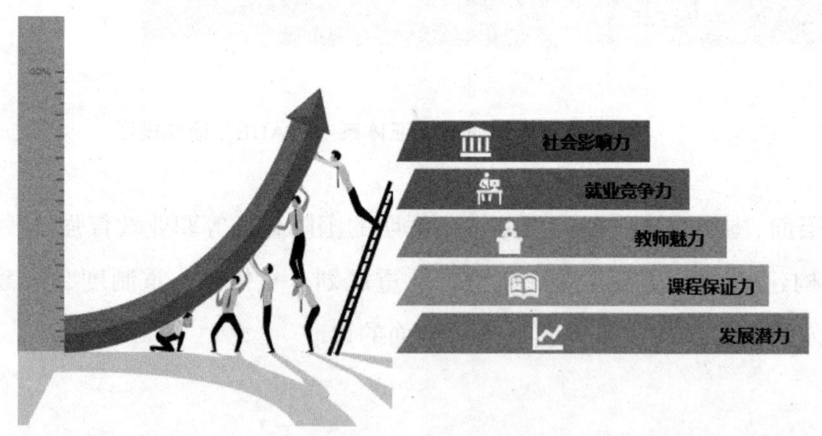

“专业建设五力”模型

在课程层面，以“学习者为中心”，重视课程开发、课程实施、课程反馈三个阶段的课程质量，构建“课程建设五度”模型，从符合度、完整度、满意度、创新度、达成度五个方面对课程的建设与教学实施进行诊改。

“课程建设五度”模型

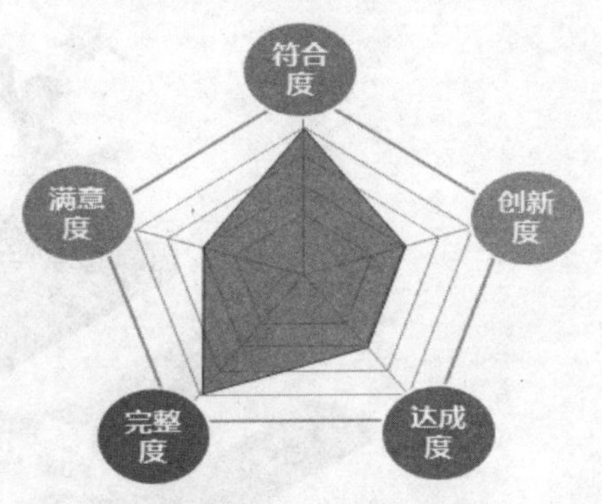

“课程建设五度”模型

在教师层面，根据教师成长规律，构建“教师发展五独”模型，按入职期、成长期、成熟期、发展期的阶段，对新进教师、骨干教师、教学名师、专业带头人分类设定诊改关键指标，从育人情操独有、教学能力独到、科研能力独创、教师魅力独特、仁爱之心独秀五个方面按不同的评价指标实施教师自我诊改。

“教师发展五独”模型

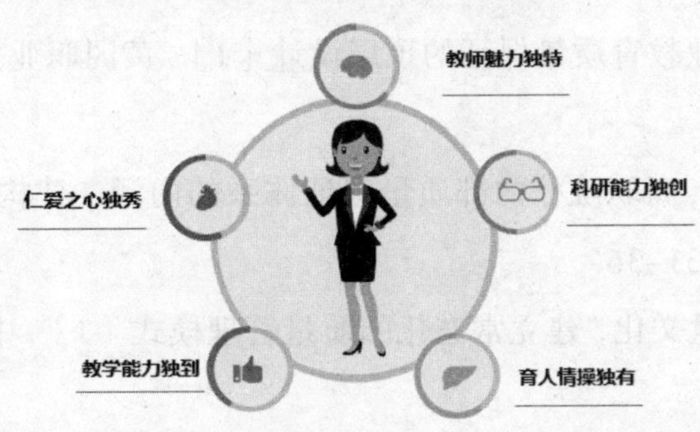

“教师发展五独”模型

在学生层面，以立德树人为根本，构建“学生成长五到”模型，从知识学到、技能练到、素质达到、情商悟到、胆商独到五个方面开展学生发展能力的诊改。

“学生成长五到”模型

“学生成长五到”模型

参考文献

[1]刘虎,石伟平.职业院校内部质量保障体系建设:问题与对策[J].职教论坛,2012(13):12-15.

[2]熊发涯.高等职业教育质量保证的顶层设计[J].黄冈职业技术学院学报,2016(5):13-16.

[3]陈寿根，万里亚.高职院校内部质量保证体系的内涵、建构原则与实践模式[J].职业技术教育，2017(1)：31-36.

[4]唐松林.培育质量文化，建立常态化的质量管理模式〔J〕.中国高等教育，2008(24):31- 32.

[5]顾月琴,魏晓峰.德国双元制职业教育的困境及其发展趋势[J].职教论坛,2010(3):90-91.

基于“SPADE”诊改模型的高职院校教师教学能力提升策略研究

广西国际商务职业技术学院　罗羿寒

【摘要】互联网教育的发展深刻颠覆和改变了传统教育教学的理念、思维和方法，教育在互联网技术的作用下变得越来越多样化和终身化，学习越来越个性化和泛在化，教师角色转化势在必行。本文在“SPADE”诊改模型基础上对高职院校教师教学能力进行分析，提出了能力提升策略。

“互联网 +”代表着一种技术、一种生态，更代表着先进的生产力，我国已经从工业时代进入了以“互联网 +”为代表的信息时代，意味着生产方式发生了重大变革。教育是为了提供适合生产力发展的人才而服务的。工业时代，人们只要掌握了知识和技能就可以参与社会生产，解决生活中常见的问题，而“互联网 +”时代，个人所拥有的知识和技能已经不能满足社会生产力发展的要求，“互联网 +”背景下需要新的商科人才。

党的十八届三中全会首次把教育信息化写入中央全会决议，以教育信息化推进教育现代化。教育信息化在促进信息技术与教育教学融合、引领教育变革、促进教育公平、提高教育质量等方面得到各界认同。2015 年，李克强总理在《政府工作报告》中首次提出“互联网 +”战略，教育信息化进入加速发展新阶段。在这一背景下，高职院校的教师面临教育理念、人才培养模式、专业建设、教学手段等各方面的挑战。

一、“互联网 +”对高职院校教师教学的影响

社会经济产业结构对高职院校的专业结构有决定性作用。随着国际贸易、财会金融、现代流通、旅游服务、商务外语、商务信息等传统学科与最新科技成果在新商业系统出现交互叠加应用，新商业生态系统边界不断扩张，以供应链、互联网 +、大数据等为代表的新的商业产业链和创新链初见端倪，各类复合型、融合型商业职业岗位对高职院校原有的专业结构特别是商科类专业结构产生了影响。交叉、融合、开放的新商业形态要求商科类专业积极打造商科立体专业群，将服务于新商业产业链的、具有内在关联的若干个专业，用集群的方法集合在一起，实现创新要素集聚与资源共享，培养适应新时代需要的商科人才。

“互联网+”背景蕴含了创新、民主、开放等特性，体现在学习通道的多元化、内容的环境适应性、过程的创新性和评价的多样性，以及与此相适应的机制体制构建。学习既是个体感知、记忆、思维的认知过程，也是学习者根植于社会文化、历史背景、现实生活的社会建构过程。这就要求在教学中，不仅要关注学习者个体的变化，也需要从社会主体环境中去构建适应学习者学习行为和心理变化的环境。教师传统的“内容知识+教学知识”的二元知识结构已经难以适应未来人才培养的要求。技术知识将成为新的要素，并与“内容知识+教学知识”融合，构成未来教师的基本知识框架。

二、教师教学能力形成因素分析

广西国际商务职业技术学院根据多年的内部质量诊改实践经验，构建了“SPADE”诊改模型。“SPADE”取自诊改模型中教师发展五独、专业建设五力、学生成长五到、课程建设五度、学校发展五重这5个诊改层面核心词独（Special）、力（Power）、到（Achievement）、度（Dimension）、重（Emphasize）的英文单词首写字母的组合。其中的教师发展五独是指育人情操独有、教学能力独到、教师魅力独特、科研能力独创、仁爱之心独秀。教学能力作为教师应该具备的核心能力之一，包含教学设计能力、教学组织能力、教学执行能力、技能应用能力、整合能力5个方面。

1. 教学设计能力

教学设计能力是以对教学内容和学生的理解为基础来设计总体的教学进程、教学方法和教学组织形式的能力。简而言之，就是教师在上课前对教学过程中的各要素进行最佳优化组合的能力。其基本内容包括课堂教学目标设计能力、教学内容设计能力、课堂教学方法手段设计能力、教学模式和教学策略设计能力。

教育教学活动是双边活动，也是一种创造性很强的活动。教师教育教学效果的好坏与其自身的教学能力息息相关，没有较高的教育教学能力，不可能有好的教学效果。科学技术的飞速发展，给教育教学活动带来了无限的活力，同时，也带来了机遇和挑战。教师要以教育改革为契机，以学校整体改革为载体，深入钻研教材，研究教学内容、目的和学生实际之间的内在联系，采用多种教学方法实施教学。教师只有具备了精湛的专业技能和高超的教学技巧，才能在教育教学中游刃有余，达到“传道、授业、解惑”的目的。

2. 教学组织能力

教学组织能力是教师取得教育教学成功的保证。教师要集中学生的注意力，灵活调节教学进度，建立起一个具有良好学风的班集体，创造一个良好的学习环境，以饱满的热情、旺盛的精力、丰富的想象力，创造性地组织学生开展课外活动。此外，教师还要有效地利用好课堂时间，活跃课堂教学气氛，调动学生学习兴趣，引导学生积极思考，发展学生的创新能力，维护课堂秩序，这样才能收到预期的教育效果。

3. 教学执行能力

执行力就是执行已确定的发展策略的能力，即完成既定策略目标的办事能力，它是所有行为的最高准则和终极目标。

教师是学校发展的主体力量，学校执行力水平在很大程度上取决于教师的执行力高低。教师执行力强，学校就能快速发展；教师执行力低下，学校的发展就停滞不前甚至倒退。

教师课堂教学执行力就是按质、按量、按时完成教育教学工作的能力。

课堂教学执行力有一套系统化的流程和完整的体系。教学要取得成功，首先要有一流的教学业务流程，即先进的教育理念、一流的教学设计、一流的教学策略、一流的教学过程。它包括对教学目标、教学方法和教学过程的严密讨论、质疑、坚持不懈地跟进，以及教育教学环节的具体落实。塑造一流的教学业务流程的过程，就是塑造一流的教师思维方式和行为方式的过程，也是最为艰难的过程。

教学不是给予，学习不是接受。要让学生在老师的指导下，通过“自主－合作－探究”的方式进行学习。教学要以课程落实为突破口，以课堂教学为主阵地，以课堂教改为着力点，实施有效教学，优化教学过程，提高教学实效，提升教学质量。

4. 技能应用能力

随着现代教育技术的广泛推广和运用，信息技术和计算机技术日益深入教育领域，现代教育技术在信息化的教育活动中发挥着不可或缺的作用。作为教育教学活动的组织者、实施者、管理者、指导者，教师不仅要掌握专业知识，还要掌握现代化教育的基础知识，具有利用现代化信息技术获取、分析、处理、加工和传播信息的基本技能，实现网络教育与课程教育的整合，提高自己的知识水平和业务能力。

5. 整合能力

教育部《关于全面深化课程改革落实立德树人根本任务的意见》，在着力推进关键领域和主要环节改革的章节中明确指出：要在发挥各学科独特育人功能的基础上，充分发挥学科间综合育人功能，开展跨学科主题教育教学活动，将相关学科的教育内容有机整合，提高学生综合分析问题、解决问题能力。在当前的诊改实践中，教学资源整合是必然要求。

教师借助职教联盟平台，通过联盟内校校间、校企间协同合作，整合教育资源，开展教育学科建设、科学研究、人才培养、课程开发、技能培训等工作，有利于推进优质教师教育资源共建共享，提升教师教育水平和教育发展能力。

三、智慧背景下教师教学能力提升路径

随着互联网教育的发展，互联网去中心化、分散化、平等性、交互性、共享开放等特征

正深刻地影响传统教育教学的理念、思维和方法。特别是在移动互联网时代所构建的学习生态圈中，对创造性和智慧性的要求越来越高，教育在互联网技术的作用下变得越来越多样化和终身化，学习越来越个性化和泛在化，教师角色转化势在必行。

1. 提升基于技术的知识管理能力

知识管理是教师进行专业学习并伴随其整个教学生涯的一项重要技能。教师要学会运用互联网平台筛选、重组、创新教学资源，对教学资源、成果和经验进行体系化梳理及提炼，形成具有自己特色的资源库，提升基于技术的知识管理水平，进而更加有效地促进专业发展。

2.. 教育教学观念的转变和升级

在传统的教育生态中，教师、教材是知识的权威来源，学生是知识的接受者，教师因其拥有的知识量的优势而获得课堂控制权。但是，在“互联网 +”时代，学生获取知识已变得非常快捷，师生间知识量的天平并不必然偏向教师。这就迫切要求广大教师了解“数字一代”学生的学习习惯，熟悉数字化的教学环境，采用信息化教学方式以适应“数字一代”学生的诉求。

教师必须调整自身定位，充分发挥主导作用，成为学生学习的伙伴和引导者，通过移动终端，即时给予学生点拨指导，教师要更多地注重思维的引领，而不是知识的灌输。

3. 更有效的教学反思

教师的能力表现在方方面面，能力的高低也是教师素质高低的重要体现。教师要想适应时代发展的需要，与时俱进，培养出新时期合格的人才，就必须不断学习，持续充实和提高自己，在学习中认真进行实践、反思、总结、提炼，不断提高自身的知识素养和完善自身的能力结构，真正形成“以学生为中心”的用户思维，关切、理解学生的需求，提升信息化应用能力，借助大数据促进管理决策的科学化、授课形式差异化及评价方式的“绿色多元”。

随着区域产业转型升级，人才需求与供给关系发生了重大变化，生产服务一线应用型、复合型、创新性人才紧缺。高职院校教师教学能力的提升有助于商科类院校适应区域经济发展和产业升级带来的人才需求变化，为“一带一路”重要节点城市建设和北部湾经济区建设提供优秀的国际商务人才。

参考文献

[1]王婷 . 高职教师教学基本能力内涵、影响因素及其发展途径[J]. 辽宁省交通高等专科学校学报，2016，18（6）: 46–49.

[2]王少良 . 高校教师教学能力的多维结构[J]. 沈阳师范大学学报（社会科学版），2010（1）: 110–113.

[3]潘懋元，王伟廉 . 高等教育学[M]. 福州：福建教育出版社，1995

[4]宋晓芳 . 高校教师教学胜任力模型研究[D]. 武汉：华中科技大学，2007.

课程建设“五度”标准下的高职课堂教学改革
——以广西国际商务职业技术学院为例

广西国际商务职业技术学院　胡博巍

【摘要】本文阐述课程建设“五度”标准的构建与实践背景，以及课程建设“五度”标准下的课堂教学改革成效，针对实施过程中存在的不足，提出课程建设“五度”标准下的课堂教学改革路径：加强课程建设“五度”标准与其他关联指标的融合，推进质量发展；加强教学能力大赛与教师教学能力提升培育的结合，推进课堂教学改革；加强校企合作、产教融合，打造“课程思政”课堂教学典型案例等。

课堂教学改革是人才培养工作的重点内容，决定着人才培养工作的质量。教育部《职业教育提质培优行动计划（2020—2023年）》明确了“课堂革命”典型案例、课堂教学改革成果是职业教育教学工作的重点任务之一。开展与高等职业院校内部质量保证体系诊断与改进工作、“双高”建设相适应的课堂教学改革，推进职业教育提质培优，是摆在当前高职院校面前的重要任务。广西国际商务职业技术学院在长期理论与实践探索的基础上，构建了课程建设“五度”标准，以符合度、完整度、满意度、创新度、达成度五个维度为方向，持续推进学校课堂教学改革，提升课堂教学质量。

一、课程建设“五度”标准的构建与实践背景

（一）高职课堂教学现状

1. 教师课堂教学能力参差不齐

当前，在教师数量无法满足快速扩张的高等职业教育规模的同时，相当多的专业教师缺乏具体企业工作实践经验，教师专业技能水平和实践教学能力偏弱；持有与专业相关职业资格证书的专业任课教师紧缺，不能满足高等职业教育实践实习指导要求，在对学生实习、创业、就业的指导方面存在薄弱环节；教师在课堂教学内容、理念思路、组织设计、手段方法等方面与企业实战融合程度深浅不一，课堂教学能力参差不齐。

2. 对以课堂教学质量评估标准引领高等职业教育人才培养质量提升的重视不够

各高等职业院校在开展内部质量保证体系诊断与改进工作以及“双高”建设实践过程中，

教师整体上对“标准链”的研究探索不够深入，对标准的制订、执行、监督、评估、反馈等环节认识不到位，对教学质量标准引领高等职业教育人才培养质量提升的重视度不够高。

（二）课程建设“五度”标准的构建

近年来，学校以开展内部质量保证体系诊断与改进工作为契机，以发展性评价为价值导向，在长期理论研究与实践探索的基础上，创造性地构建了包含“教师发展五独（Special）、专业建设五力（Power）、学生成长五到（Achievement）、课程建设五度（Dimension）、学校发展五重（Emphasize）”的“SPADE”质量诊断模型，模型共设立100余个诊断点，近500个观测点，实现了诊改工作“六有”——有谋、有我、有章、有法、有数、有效，有力推动了学校内涵发展。其中，课程建设“五度”是“SPADE”质量诊断模型的重要组成部分，共有5个维度：符合度、完整度、满意度、创新度、达成度。其中：符合度指符合人才培养目标、符合教学标准、符合学生成长需求、符合岗位需求；完整度指课程团队完整、教学方案完整；满意度指学生满意度、教师满意度、企业满意度、社会满意度；创新度指建设模式创新、课程内容创新、教学模式创新、考核方式创新；达成度包含规划达成、质量达成、成效达成。

（三）课程建设“五度”标准的实践

学校根据《职业教育提质培优行动计划（2020—2023年）》文件精神，不断吸取实践经验，完善优化课程建设“五度”标准内涵，以标准先行推进关键改革，突破瓶颈制约，努力打造职业教育优质资源和品牌，带动学校职业教育教学大改革。在课程建设“五度”标准实践过程中，以符合度、完整度、满意度、创新度、达成度5个维度为方向，在课程建设中积极践行知行合一、理实一体，在优化课程教学体系的同时，重视课堂教学环境，树立课堂教学典型，紧抓课堂教学质量，推动课堂教学改革。

二、课程建设“五度”标准的课堂教学改革成效

课程建设“五度”标准，对广西国际商务职业技术学院的课堂教学改革有着深远的指导意义。随着课程建设“五度”的不断推进实施，学校在课堂教学环境建设、课堂教学技术设备引进及应用、教师队伍教学能力提升、校企共建课堂等方面取得了积极的成效。

（一）提升信息化课堂教学改革

在课程建设“五度”标准的指引下，学校广泛鼓励信息化教学手段的应用，加强课堂教学场所技术设备的引进，完善信息化教学课堂的管理机制，保障信息化课堂教学质量，提供便捷服务，夯实校园信息化教学的硬件基础，打造良好的信息化课堂教学环境，营造信息化

教学氛围，以推动课堂教学改革。

（二）三级教学能力大赛机制推动课堂教学改革

学校高度重视教师教学能力的培养和提升，注重信息化技术在课堂教学过程中的应用。在课程建设“五度”标准的指导下，成立三级教学能力大赛机制，每年度开展教学能力比赛，内容涵盖：课程标准、教案、精彩一课课堂实录、混合式教学、微课赛项等。结合“三全育人”建设项目，开展“课程思政”示范课、“课程思政”教学案例赛项等活动。规范三级教学能力大赛机制，落实课程建设“五度”标准融入课堂教学全过程，推动课堂教学改革。

（三）校企合作推动课堂教学改革

针对课程建设“五度”标准要求，学校持续深化产教融合、校企合作，以共建产教融合实训基地、校企合作开发课程、校企合作开发教材等推动课堂教学改革。引进企业、行业各领域高级专业技术和管理人员，走进课堂，参与课堂教学理论内容讲授和演示，参与课堂教学实践环节。推动校企合作挂牌成立产业学院，行业企业全程参与课堂教学，推动课堂教学改革。

三、课程建设“五度”标准下的课堂教学改革实施存在的不足

（一）课程建设“五度”标准与其他关联指标的融合仍显不足

“SPADE”质量诊断模型包含教师、专业、学生、课程、学校五个层面，这五个层面的标准内涵相互交集关联，相辅相成。当前，学校在课程建设“五度”标准指导下实施课堂教学改革，课程层面的标准与其他关联指标相互之间的联系，仍需在今后的深化改革中进一步探索，使五个层面之间更加紧密结合，不断推进高等职业教育人才培养工作高质量发展。

（二）教学能力大赛推进课堂改革不足

教师的课堂教学过程最能体现教师的课堂教学能力。学校根据三级教学能力机制，组织了校级教学能力大赛，按照大赛机制择优遴选教师团队及作品参与省级、国家级的大赛。在课程建设“五度”标准指导下实施课堂教学改革，仍然存在与教师教学能力培育结合不够紧密的问题。

（三）校企合作、产教融合课程改革实施不足

在产教融合、校企合作模式下，要求学校在课程开发、教材开发、师资引进、实践教学

等方面与行业企业深入合作，校企合作贯穿课堂教学全过程。在当前课程建设“五度”标准指导下实施课堂教学改革，校企合作产教融合仍显不足，尤其在“课程思政”方面特别明显。

四、课程建设“五度”标准下的课堂教学改革路径

（一）加强课程建设“五度”标准与其他关联指标的融合，推进质量提升

“SPADE”质量诊断模型是一套完整的质量保证指标体系，共有100余个诊断点，近500个观测点。要求课程层面与教师、专业、学生、学校四个层面紧密相连，建立不可分割的关系。在课程建设“五度”标准指导下，校企合作共同制定课程标准、共同完成课堂教学任务、共同拟定课程理论与实践环节、共同建设实训基地、共同开发课程教材等，都是课堂教学改革的具体内容，服务于课堂教学全过程。这些具体内容的实施，需同时与“SPADE”质量诊断模型的教师发展“五独”、专业建设“五力”、学生成长“五到”、学校发展“五重”有机结合，课堂教学改革的各项内容的实施需形成一套有据可依、有章可行、有迹可循的改革路径。学校需进一步探索“SPADE”质量诊断模型课程建设“五度”标准与其他关联指标的内涵，在实践中不断完善指标体系，促进其有机融合，推进质量建设。

（二）加强教学能力大赛与教师教学能力提升培育的结合，推进课堂教学改革

教师个人或团队教学能力的提升，对课堂教学改革有着极为重要的推动作用。教学能力大赛成果在一定程度上体现了教师能力水平，但也需要与教师培育紧密结合，以提高课堂教学改革的实施成效。

1. 打破目前只注重遴选结果的局面，引导教师积累教学资源，提升课堂教学质量

当前，高职院校的教学能力大赛校级机制，主要以遴选为目的，向省级和国家级的赛事推荐参赛作品。学校鼓励教师参加教学能力大赛，以赛促教，其初衷是通过参加教师能力比赛激励教师个人或教师团队不断学习、拓展、提升教学能力，这是推动课堂教学改革的重要路径与对策。但在校级遴选阶段，教师的主观意识在于“参赛”，只关心是否能通过遴选获得向省级和国家级推荐参赛的名额，对以赛促教方面不够重视，有违学校设立比赛的初衷，需从思想意识上引导教师注重课堂教学资源，重视课堂教学经验交流及学习，打破只注重遴选结果的意识局限，积极主动投身于课堂教学改革的实施。

2. 提高培育意识，遴选和培育形成推动反补关系，提升课堂教学质量

在课程建设“五度”标准指导下，要重视教师教学能力提升培育，培育的内容包括课堂教学知识点的选取、课堂教学设计和课堂教学手段创新等。在成熟的遴选机制前提下，注重培育环节，提高培育意识，以培育方式补缺补漏补短，最终达到提升教学能力的目的，提高课堂教学质量。

（三）校企合作、产教融合，打造“课程思政”课堂教学典型案例

校企合作、产教融合是课堂教学改革的重要路径与对策之一。在课程建设“五度”标准的课堂教学改革实施过程中，加强行业企业参与课堂教学具体内容建设的同时，应改变以往常规化合作方式，深入探寻共研共育“课程思政”的合作思路，推动课堂教学改革。

1. 将思政教师融入课程建设团队

加强校企合作、产教融合，进一步发挥思政教师的作用，重视安排思政教师参与课程建设的全过程，与行业企业、专业教师共同制订与课程相关的标准、制度，共同开发教学资源等。重视思政教师参与课堂教学活动环节，在活动过程中言传身教融入思想政治教育信息；重视思政教师与专业课程任课教师和行业企业引进教师之间的听课评课，提高“课程思政”的时效性。

2. 校、行、企共研学生思想政治教育

以深层次的产教融合为基础，学校切实将大学生思想政治教育和优秀企业文化融入课堂教学。行业企业注重把大学生思想政治教育融入企业文化，在培养适应岗位需求的技能人才的基础上，加强研究、归纳、提炼对学生的职业理想、职业道德、职业纪律、职业行为等方面的要求。校、行、企通过课堂教学改革实践，共同培养品学兼优的一线技能型人才。

3. 校企共育“课程思政”课堂教学典型案例

以行业企业岗位的人才需求为共育源动力，以学生成长成才为中心，以落实立德树人为根本任务，推行校企深度合作的职业认知、跟岗实习、顶岗实习，加强实践教学。充分发挥校企合作的力量，依托行业企业生产及合作项目，将思想政治教育贯穿工作过程，共育校企“双师制”的师资团队，打造“课程思政”课堂教学典型案例，推动课堂教学改革。

参考文献

[1] 马成东，张丽．智慧职教背景下高等职业教育课堂革命的路径与对策研究［J］．河北青年管理干部学院学报，2020，32（6）：68-71.

[2] 李洪波．基于产教融合的职教课堂改革实践与研究［J］．职业，2020（5）：37-39.

[3] 王建，朱宁波．大学课堂教学革命：内涵、原因与路径［J］．教育理论与实践，2020，40（33）：41-44.

[4] 李艾琳．课程“三度”建设对课堂教学改革的启示［J］．教育教学论坛，2020（52）：134-135.

基于“SPADE”五维质量保证体系的高职院校大学生胆商提升策略研究

广西国际商务职业技术学院　陈雪玲

【摘要】高职教育必须是职业精神与职业技能并重的教育，高职教育不仅要注重专业知识与技能的教育培养，还要加强对学生胆商的教育培养，才能提高学生的职业素质和社会适应能力，以适应社会对人才的需求。文章从胆商的内涵入手，阐述了当前高职院校大学生胆商培养中存在的不足，并对当前高职院校大学生培养中胆商缺失的原因进行了分析，进一步结合“SPADE”五维质量保证体系，探索提升高职院校大学生胆商的路径。

广西国际商务职业技术学院经过多年的理论研究和实践探索，构建了高校人才培养的“SPADE”五维质量保证体系，不断提高商能、培养商才、服务商企，开创了商科人才培养新模式。在“SPADE”五维质量保证体系中，包含教师发展五独、专业建设五力、学生成长五到、课程建设五度、学校发展五重五个层面。在“SPADE”五维质量保证体系“学生成长五到”中，以培养学生知识学到、技能习到、素质修到、情商悟到、胆商独到为目标，打造了五级进阶实践育人体系，有力提升了学生的技能水平，推动了学校人才培养跨越式发展。

一、胆商的内涵

智商、情商和胆商通常被认为是一个人取得成功的三大要素。智商反映的是一个人的智力水平、知识结构，这是决策的基础；情商反映的是一个人和其他人打交道的能力，在不同环境中的应变能力，这是决策的前提；胆商反映的是一个人在该做决断的时候敢于“拍板”的勇气，这是决策的关键。这三者相辅相成，缺一不可。缺乏智商的胆商是有勇无谋，逞匹夫之勇；而缺乏胆商的智商则是犹豫不决，做事优柔寡断。随着社会的不断发展，胆商也逐渐成为衡量高校人才培养质量的一项新指标。胆商指的是一个人的胆量、胆识和胆略。它体现的是有胆有识，而不是胆大妄为；它体现的是胆大心细，而不是盲打莽撞。具备优秀胆商的人，必定有着宽厚的胸襟，能够看淡得失成败；必定有着深厚的责任感，能够勇于担当作为；必定有着坚忍的意志，能够勇于接受挑战。可以说，胆商是气魄、学识、能力、水平的综合表现。

二、高职院校大学生胆商培养中存在的不足

在每个人的职业生涯发展中，都会遇到环境的变化，以及不断出现的困难与挑战，这就要求我们在面对新的环境、面临新的困难和挑战的时候，必须具备自我调整和选择决策的能力。在当今竞争激烈的社会中，要发展就必然要求有胆略有眼光，想开拓想进取也必须要有魄力有勇气。因此，作为新时代的大学生，不光智商、情商要高，胆商也要高。在目前高职院校的人才培养过程中，更注重的还是对于学生智商的培养，强调学生专业知识与实践技能的学习和训练，而对于胆商的培养大多还缺乏相应标准和系统的教育引导，这对于提高高职院校大学生的综合素质，增强学生的社会适应能力，培养学生的胆略胆识，提高学生面对困难时勇于接受挑战的能力，还存在很大的局限性。

三、高职院校大学生胆商培养缺失的原因

（一）缺乏良好的形成基础

目前，高职院校的大学生绝大多数都是“00”后，他们出生的年代正是我国经济高速发展的一个时期，人们的生活水平大大提高，物质相对富足。他们的父母一辈总体受教育的程度比较高，家庭教育环境也比较好，所以“00”后大学生总体上拥有较高的综合素质。由于来自家庭、学校、社会等各方面的条件都比较优越，也导致这些孩子在成长的过程中很少经历磨难，很少经受挫折。优越的成长环境也导致这些孩子的自主性不强，独立性较差，对家庭及社会依赖性较大，缺乏胆商的形成基础，因而缺乏应有的胆魄和胆识。

（二）缺乏良好的心理环境

我国的高职教育发展较晚，虽然高职教育已经占据了高等教育的半壁江山，但是目前来说，绝大部分的高职院校只是专科教育的层次。受传统价值观念和社会认同的影响，很多高职院校的学生一入学就开始关注将来是否能够专升本，在他们的心里，还是非常期待能进入传统的非职业技术类的本科院校去学习深造。这说明有很大一部分的高职院校学生是怀着一种失落的情绪来学校就读的，他们认为自己是高考中的失败者，来高职院校就读是迫不得已，而这种受挫的心理也会影响他们对于今后自我发展的自信心，从而带着挫败感去面对大学三年的学习和生活，这样的心理环境也严重影响了大学生胆商的形成。

（三）缺乏丰富的实践阅历

高职院校大学生的成长经历还是比较单纯的，大部分学生都是从学校到学校，社会实践的经历较少，阅历尚浅。在进入高职院校后，大部分的时间和精力还是在于专业知识的学习和专业技能的训练，社会实践活动大多也局限于志愿者活动、三下乡活动以及周末和假期的一些兼职等，学生对于现实社会中复杂的人际关系、专业的工作管理、行业的运行法规、市场的竞争等方面还是缺乏充分的认识，这些因素也影响了大学生胆商的形成。

四、提升高职院校大学生胆商的途径

（一）加强专业学习，拓宽思路视野

一个人的知识面越广，视野会更开阔，思维也会更活跃，就越有利于从事务性工作中摆脱出来，看问题时更容易抓到问题的实质，解决问题时的应变力和决策力也会变得更强。高职院校大学生首先必须要学好校内课程，掌握好专业理论基础知识和专业基本技能，除此之外，还应该多涉猎专业的相关知识，多关注行业企业的前沿动态，多关注国家的时政方针，不断丰富自身的内涵。学校也可以邀请企业的专业技术专家或企业一线的行家里手到校，为学生进行有关专业与市场的交流座谈；或者邀请往届的优秀毕业生回校，与在校生进行成长经历的分享。引导学生了解专业的发展趋势，了解社会的现状，帮助学生树立对专业发展前景以及职业生涯发展的信心，为大学生胆商的培养奠定良好的基础。

（二）加强社会实践，提升胆识胆略

社会是最好的大学，实践是最好的课堂。高职院校应加强对大学生社会实践意识的培养，让学生尽早地了解专业在社会的发展现状，了解相关专业的社会需求与发展空间及前景，使学生对专业的发展有一个正确的认识，并在实践中培养大学生的机遇意识、发展意识、竞争意识和开拓意识。高职院校可以分层次、分阶段、有组织、有计划地安排学生进行社会实践锻炼。对于大一和大二的学生，学校可以利用假期安排学生进行相关专业的市场调研，完成调研报告；对于大三的学生，学校应该推进校企合作，加强与企业的交流，安排学生到企业进行顶岗实习，并完成毕业设计任务。通过分层、有序的实践锻炼，逐步实现大学生胆商培养的目标。

（三）不断磨炼意志，勇于攻坚克难

当今社会激烈的市场竞争，不仅是专业实力的较量，更是胆商的较量，成功的人士通常

都具备敢于决断的能力和坚韧不拔的意志。良好的意志品质是胆商的重要内容，它对当代大学生的心理健康具有重要的影响。高职院校的大学生必须学会自我反省，严格要求自己，加强自律，不畏困难，勇于挑战，以积极乐观的心态面对成功与失败，养成良好的意志品质。学校应该有针对性地多组织学生参加一些团建活动、拓展活动。通过集体的拓展活动，促进学生相互之间的了解，提升学生的社会交往能力，增加学生的团队协作能力，提升学生攻坚克难的能力。通过对意志的磨炼来提升大学生的胆量、胆识和胆略，促进大学生良好胆商的形成。

参考文献

［1］王璐．我国政府组织中女性领导力开发研究［D］．南京：南京师范大学，2019.

［2］文丹．别忘了培养孩子的“逆商、灵商、德商、胆商”他会感激你一辈子［J］．现代营销（创富信息版），2018（10）：4.

［3］黄小英．学习体操与足球课程提高体育大学生“胆商”的实验研究［D］．成都：成都体育学院，2018.

［4］柏成刚．新时期学校“4Q”高效培优策略［J］．教育家，2017（24）：95.

［5］顾家旺，韦向阳．HR 管理视角下的大学生综合素质提升路径探究［J］．阜阳师范学院学报（社会科学版），2017（3）：128-132.

［6］贺小良．决胜战场离不开过人胆商［N］．人民武警报，2016-11-08（002）.

“SPADE”模型视角下广西财经商贸类高职院校加强质量文化建设的探索

广西国际商务职业技术学院　赵辉

【摘要】“SPADE”模型是广西国际商务职业技术学院构建的具有广西财经商贸类高职院校特色的质量诊改模型及指标体系。文章分析了广西财经商贸类高职院校质量文化建设存在的问题，根据这些问题，运用“SPADE”模型，提出了加强质量文化建设的措施。

一、“SPADE”模型简介

“SPADE”模型是广西国际商务职业技术学院在开展内部质量保证体系诊断与改进工作过程中，以发展性评价为价值导向，通过不断实践改进构建的具有广西财经商贸类高职院校特色的质量诊改模型及指标体系。“SPADE”取自诊改模型中独（Special）、力（Power）、到（Achievement）、度（Dimension）、重（Emphasize）五个层面英文单词首写字母的组合，每个层面均包含五个维度，共设立了百余个诊断点。

“SPADE”模型共包括五个层面。在学校层面，围绕学校发展目标，构建“学校发展五重”模型，从重规划、重体系、重制度、重考核、重保障五个维度对学校发展能力及人才培养质量进行全面诊改。在专业层面，以“产教融合、服务地方区域经济发展、培养高素质应用型技能人才”为目标，构建“专业建设五力”模型，从专业发展潜力、教师魅力、课程保证力、就业竞争力、社会影响力五个维度对专业建设与发展能力进行诊改。在课程层面，体现以“学习者为中心”的宗旨，重视课程开发、课程实施、课程在线反馈三个阶段的课程质量，构建“课程建设五度”模型，从符合度、完整度、满意度、创新度、达成度五个维度对课程的建设与教学实施进行诊改。在教师层面，根据教师发展成长规律，构建“教师发展五独”模型，结合教师入职时间，将教师职业生涯分为入职期、成长期、成熟期、发展期四个阶段，对新进教师、骨干教师、教学名师、专业带头人分类设定诊改关键指标，从育人情操独有、教学能力独到、科研能力独创、教师魅力独特、仁爱之心独秀五个维度按不同的评价指标实施教师自我诊改。在学生层面，以“立德树人”为核心，构建“学生成长五到”模型，从知识学到、技能练到、素质达到、情商悟到、胆商独到五个维度时学生发展能力进行诊改。

二、广西财经商贸类高职院校质量文化建设存在的问题

（一）文化建设缺少整体设计和系统规划，深度、广度、科学性尚有不足

教育质量文化不会无意识地自然形成，这是教育质量文化区别于一般文化的典型特点。教育质量文化建设是一个长期过程，需要经过多年、持续地精心培育与悉心建设，才能逐步形成与完善。教育质量文化建设是一项系统工程，需要学校从全局角度进行推动，也需要全校教职工自觉主动参与，但首要的前提是，学校要有一个整体的质量文化建设方案。

目前，广西财经商贸类高职院校质量文化建设还缺少整体设计和系统规划，使得学校的质量文化建设还处于相对比较浅的阶段，质量文化建设的深度、广度都亟待加强，质量文化建设的科学性也无法进行论证。

（二）基于质量改进螺旋的内部质量长效运行机制有待建立健全

“8字形质量改进螺旋”是全面提升质量的工作过程，由两个循环构成一个“8”字形。第一个循环是大循环，起点是目标，根据目标，制定标准，设计行动方案，组织实施方案，进行自我诊断，不断找到差距，通过不断创新，改进提升质量，进而建立更高一层的目标。第二个循环是小循环，该循环通过外部监测，不断分析数据，随时发现问题，并及时预警，督促相关部门及人员采取措施，进而改进行动方案。两个循环不断改进，形成不断提升的质量改进螺旋。

当前，广西财经商贸类高职院校教育质量文化的两个循环均未建立，还无法建立基于质量改进螺旋的内部质量长效运行机制。为促进教育质量文化的长效运行，亟须采取有效措施，建立质量改进螺旋。

（三）质量文化在人才培养中的作用还有待进一步加强

人才培养质量是学校发展的生命线，质量文化是学校内部质量保证体系建设的核心和灵魂，因此，在人才培养过程中，必须始终注意质量文化在人才培养中的作用，将质量文化渗透于人才培养质量管理全过程，将与本校特色相关的优秀传统文化、现代文化以及国际文化等内涵融入学校的内部质量保证体系建设之中，逐步建立起与人才培养相适应的质量文化体系。

质量文化体系包括物质文化、制度文化、精神文化和行为文化四个维度，这四个维度必须同时加强，缺一不可。广西财经商贸类高职院校在物质文化、制度文化、精神文化和行为文化建设方面，还存在很多不足，还未形成完备的质量文化体系，质量文化在人才培养中的

作用还比较有限，需要进一步加强。

（四）科学合理的质量文化建设考核评价体系还未建立

建立科学合理的考核评价体系是质量改进的必要过程。诊改体系强调的是自我诊断，主要是通过采集常态化的过程数据，来分析质量改进的效果，这是诊改的考核评价体系不同于一般意义上考核评价的最突出特点。

广西财经商贸类高职院校的质量文化建设还未形成完备的体系，普遍还没建立科学合理的文化建设考核评价体系，制约了质量文化的诊断与改进。

三、“SPADE”模型视角下加强质量文化建设的措施

（一）以“学校发展五重”模型构建质量文化体系

“SPADE”模型中的“学校发展五重”包括重规划、重体系、重制度、重考核、重保障五个维度，其中重体系包括四个诊断点，分别是建立组织体系，完善规划体系，建立目标体系，建立标准体系。通过建立质量文化组织体系，可以从组织上保障学校的质量文化建设。在规划方面，通过建立长期的质量文化建设方案，可以有效保证质量文化建设的持续性，增强质量文化建设的广度和深度。通过建立质量文化目标体系和标准体系，可以明确质量文化建设的目标和标准，从而构建完整的质量文化体系。

（二）以“课程建设五度”模型提高质量文化在人才培养中的作用

“SPADE”模型中的“课程建设五度”包括符合度、完整度、满意度、创新度、达成度五个维度，其中符合度包括了四个诊断点，分别是符合人才培养目标、符合教学标准、符合学生成长需求、符合岗位需要。运用“课程建设五度”模型，在课程建设过程中，通过设立有关质量文化的人才培养目标，将与学校办学特色有关的质量文化列入人才培养目标的素质目标范畴。在教学标准中，推动质量文化进课程体系，将质量文化融入思想品德教育课程、人文素质课程。根据学校人才培养的特点，结合行业需求，增加与岗位有关的质量文化要求，把质量文化渗透于人才培养质量管理的全过程。

（三）以“教师发展五独”模型提高教师在质量文化建设中的参与度

“SPADE”模型中的“教师发展五独”包括育人情操独有、教学能力独到、科研能力独创、教师魅力独特、仁爱之心独秀五个维度。其中，教学能力独到中设立了教师具有教学设计能

力的诊断点，要求教师将社会主义核心价值观以及学校的特色质量文化融入教学设计中。教师魅力独特中设立了扎实学识和职业素养等诊断点，要求教师主动学习并掌握学校的质量文化知识，让优秀的教育质量文化融入教师的一言一行中。通过这些建设，可以提高教师在学校质量文化建设中的参与度，使教师成为学校质量文化建设的积极推动者。

（四）以“学校发展五重”模型建立质量文化考核体系

“学校发展五重”模型包括重考核维度，设立了过程性考核、结果性考核和发展性考核三个诊断点。过程性考核主要是对质量文化建设的过程进行考核，可以对学校质量文化建设过程进行实时监测，避免在质量文化建设过程中出现偏差。结果性考核主要是对质量文化建设的阶段性结果进行考核，可以确保实现质量文化建设的目标。发展性考核主要是对质量文化建设在学校人才培养中的作用进行考核，不断提高质量文化建设在学校人才培养中的作用，使质量文化建设能更好地提升学校人才培养质量。

参考文献

[1] 林霖琳 . 诊改背景下高职院校教育质量文化建设的思考［J］. 开封教育学院学报，2017（10）：143-144.

[2]承小贤，潘东良 . 诊改背景下高职院校教育质量文化建设的研究与实践［J］. 决策探索，2018（12）：66-67.

“SPADE”五维质量保证体系构建与诊改运行
——以广西国际商务职业技术学院为例

广西国际商务职业技术学院 孟玉 赖柯宇

【摘要】以广西国际商务技术学院为例，论述了“SPADE”学生层面五维质量保证体系的构建与诊改运行，主要论述学生层面依托“学生成长五到”（知识学到、技能习到、素质修到、情商悟到、胆商练到）如何开展工作以及工作的成效如何，并得出以下启示：加强学生理论知识和专业技能的融合；着重完善学生情商和胆商的培养；学生五维质量保证体系应依托信息化平台。

一、引言

2019年，教育部、财政部印发了《中国特色社会高水平高职学校和专业建设计划项目遴选管理办法（试行）》，中国特色高水平高职学校和专业建设计划项目将重点支持高水平高职学校和高水平专业群。《国家职业教育改革实施方案》的发布，明确了以提升职业教育质量为主线，深化了一系列职业教育改革的制度和政策。结合《高等职业院校内部质量保证体系诊断与改进指导方案（试行）》等文件精神，为落实国家和自治区职业教育改革实施方案，以高质量开展学校诊改工作，广西国际商务职业技术学院将内部质量保证体系建设作为现代学校制度建设的重点工作来抓，建立起常态化周期性的教学工作诊断与改进制度，开展多层面、多维度的诊断与改进工作，建设内部质量保证信息化平台，构建全员全过程全方位的质量保证制度体系和运行机制，认真落实立德树人根本任务，以培养“知商明礼、精商善行、崇商厚德”高素质国际化商务应用人才为目标，大力践行“三色”（职业底色、创业本色、国际特色）商科人才培养理念，不断推进“四信”（信仰、信念、信心、信用）价值观培养，积极构建国际化高素质应用型人才培养体系和现代化职业教育体系，有效推动学校教育事业高质量发展，对内部质量保证体系建设做了多方面探索。

二、体系的构建与运行

(一)体系构建

学校依据原创的"SPADE"五维质量保证体系诊改信息平台，结合"学生成长五到"模型，围绕知识学到、技能习到、素质修到、情商悟到、胆商练到5个维度，设置了18个诊断点，58个观测点，包括专业知识、社科知识、人文知识、专业能力、社会能力、方法能力、价值观、职业素养、身体素质、心理素质、心理素质、健康人格、情绪管理、内驱力、创新创业能力、竞争意识、逆境处理能力、冒险精神。

学生成长"五到"诊改模型

(二)诊改运行

依托"SPADE"诊改模型，构建五横四纵三层全过程动态质量保证机制，实现诊改工作全过程、常态化、全覆盖。

1. 推行学生"知识学到"开展"1+X"证书制度试点工作

学校认真贯彻落实《关于在院校实施"学历证书＋若干职业技能等级证书"制度试点方案》文件精神，对接现代服务业岗位发展要求，深入推动"1+X"(学历证书＋职业技能等级证书)制度试点工作，积极开展书证融合探索，将证书内容融入人才培养方案，不断深化人才培养模式改革。以"SPADE"专业认证为契机，构建学分银行，形成跨校跨省教学资源共享机制，实现学习成果认定、积累与转换，对标"SPADE"五维质量保证体系中"学生成长五到"标准，严格学业管理，不断提高教育教学水平。

2. 推行"技能习到"打造"五级进阶"实践教学体系

学校依托"SPADE"五维质量保证体系，坚持校企合作"九共同"深化产教融合，科学地将实践教学各环节划分为五个阶段，即职业认知期－商萌咖，虚拟商战期－商小咖，实战操练期－商战咖，跟岗实习期－商大咖，顶岗锤炼期－商名咖，形成"五级进阶"式的实践教学体系。

3. 推行学生"素质修到"打造"五维立体"素质养成体系

学校坚持立德树人的根本任务，围绕"商"字做文章，培养学生德智体美劳全面发展的综合素养。积极将桂商文化、第二课堂、民族风俗、创新创业、国际交流等五大元素融入学生素质培养工作，形成铸魂、出彩、立根、谋新、创特的"五维立体"素质养成体系。推动现代商务文化进课程体系，开设商务礼仪、商务口才、商务写作课程；推动现代商务文化金素质教育，开展丰富多彩的第二课堂、社会实践活动；构建"红色文化、易班文化、传统文化、商业文化、职业文化"五维立体的文化育人内容架构，创建浓郁的文化育人氛围。

4. 推行"情商悟到"，打造第二课堂育人体系

学校围绕立德树人的根本任务，以"围绕中心、服务大局、找准定位、彰显价值"为理念，充分发挥高校第二课堂在思想引领和实践育人方面的作用，积极推进共青团"第二课堂成绩单"制度，组织开展"青年大学习""青马工程"培训计划、"感党恩跟党走"广西高校党史学习教育暨庆祝中国共产党成立100周年美术书法摄影作品展、电竞公开赛、新生杯辩论赛暨第十届白马杯辩论赛、第二届"书海寻宝"活动、第七届"财富杯"全国大学生金融精英挑战赛等一系列具有社团特色的精品活动。开展大学生"5·25"心理健康教育活动月、"心理健康·幸福成长"线上线下大学生心理健康教育系列话题微课堂讲座。坚持以助学、筑梦、筑人为宗旨，秉承学生全面发展的理念，继续深化构建以能力开发为导向的"济困、扶志、强能"三维立体贫困生资助平台，拓展和完善发展型资助育人行动计划，实现无偿资助与有偿资助、显性资助与隐性资助的有机融合。

5. 推行学生"胆商练到"，打造"商创融合"的创新教育体系

学校坚持将创新创业教育作为学校育人的本色，坚持"商创融合"的基本思路，形成以"基地建设＋创客培训＋项目孵化"为核心的创新创业教育体系，实现了教学系部与入园企业对接、人才培养与企业经营对接、教学资源与企业资源对接、校园文化与企业文化对接、创业园与社会对接的"五大对接"，学生就业创业竞争力明显提高。

三、诊改的成效

2021年，获批一至四批"1+X"证书制度试点19个，实现二级学院试点范围全覆盖。

2021年，学生在全国各类职业技能比赛中，共荣获一等奖9项，二等奖4项，三等奖5项；

在全区各类职业技能比赛中，荣获一等奖 17 项、二等奖 9 项、三等奖 14 项、铜奖 19 项、优秀奖 2 项。学校参加 2021 年广西职业院校技能大赛，一等奖获奖数量位列广西第二；代表广西参加全国职业院校技能大赛，赛项数量位列广西第一。

学校易班“全方位育人三用新模式”入选全国优秀易班共建案例；荣获 2021 年易班优课大学生党史学习知识竞赛“优秀组织奖”；学校易班 9 月份网络易指数的共建指数在全国 1763 所高校中位居第 9 名，为广西第 1 名；学校在第六届广西大学生艺术展演比赛中荣获一等奖 2 项、三等奖 10 项以及优秀组织奖。

学校参加第六届中国国际“互联网 +”大学生创新创业大赛获银奖，成为广西高职院校中唯一连续两年入围国赛现场比赛的院校。连续 19 年获评全区普通高校毕业生就业创业工作突出单位。近三年来共为商务行业培养了近万名毕业生，据麦可思公司调查显示，用人单位对学校毕业生的满意度超过 90%。

四、诊改的启示

（一）加强学生理论知识和专业技能的融合

高职院校的学生在掌握理论知识的同时还要具有较强的技术技能，因此，学校在人才培养方案和专业课程上应设置相关的实习实训、技能培训环节，加强理论知识与专业技能的融合。

（二）着重学生情商和胆商的培养

广西国际商务职业技术学院的办学特色是“依托商务行业，突出现代商务特色”。作为现代商务人，智商、情商和胆商是必不可少的三要素，因此，“技能习到”应与“胆商练到”“情商悟到”结合培养。

（三）学生五维质量保证体系应依据信息化平台

广西国际商务职业技术学院的诊改数据依托了学校原创的“SPADE”五维质量保证体系诊改信息平台。面对上万计的学生，信息化平台能够快速、高效、准确地统计出数据，并清晰地呈现在大众面前，因此，在当今大数据时代，学校质量保证体系的推进也应顺应时代的发展趋势。

五、结语

学生诊改工作是建立常态化人才培养质量机制，引导和促进高职院校不断完善内部质量保证体系建设，提升内部质量保证工作成效的过程，其重点是内部质量保证体系的建设与运行。学校坚持以习近平新时代中国特色社会主义思想为指导，牢记“为党育人、为国育才”的初心和使命，以培养“SPADE”学生成长五到（知识学到、技能习到、素质修到、情商悟到、胆商练到）高素质国际化商务应用型人才为目标，落实立德树人根本任务，以社会需求为导向，走校、政、行、企、社合作办学的道路，依据学校“十四五”发展规划目标，按照目标计划、组织实施、检测诊断、改进创新的诊改路径，积极推进“SPADE”学生成长五到诊断与改进工作，依托商务行业，突出现代商务特色，促进人才培养质量的总体提升，为建设新时代中国特色社会主义壮美广西作出积极贡献。

参考文献

[1] 戴浩 . 大数据背景下高职院校内部质量保证体系构建与诊改运行路径研究 [J]. 中国教育信息化，2021（19）：6.

[2] 谷月，翟林香，段艳超 . 高职院校内部质量保证体系的实践与思考——以盘锦职业技术学院为例 [J]. 黑龙江科学，2021，12（17）：2.

[3] 万德年 . 高职院校内部质量保证体系建设的思考 [J]. 黄冈职业技术学院学报，2017，19（2）：4.

[4] 王超慧 . ISO9001 质量管理体系在高职教育中的应用研究——以苏州健雄职业技术学院为例 [D]. 上海：华东理工大学，2016.

"SPADE"体系助力高校课程思政建设

西安海内教育科技有限公司　王东波

【摘要】2020年,教育部印发《高等学校课程思政建设指导纲要》,明确强调要在所有高校、所有学科专业全面推进高校课程思政建设，系统进行中国特色社会主义和中国梦教育、社会主义核心价值观教育、法治教育、劳动教育、心理健康教育、中华优秀传统文化教育，切实提升立德树人的成效。高校担负着人才培养职能，应当遵循"以学生为中心，以专业为载体，以学校为办学主体，以课程和教师为两翼"的路径，建立一套科学系统的培养育人体系，引进科学管理模式，科学合理地构建高校内部质量保证体系的诊改模型，就"SPADE"诊改模型正是基于以上逻辑而建构的。

一、新时代课程思政的内涵

课程思政，即将思想政治教育元素，包括思想政治教育的理论知识、价值理念以及精神追求等融入各门课程中去，潜移默化地对学生的思想意识、行为举止产生影响。本文将从课程思政的本质、理念、结构、方法和思维等几个维度来认识和把握其丰富的内涵。

（一）课程思政的本质是立德树人

课程思政在本质上是一种教育，目的是实现立德树人。育人先育德，注重传道授业解惑、育人育才的有机统一,一直是我国教育的优良传统。思想政治教育是做人的工作,解决的是"培养什么样的人""如何培养人"的问题，是我们党和国家的优良传统和各项工作的生命线。我们党历来高度重视学校德育工作和思想政治工作，探索形成了一系列教育方针、原则，为培养什么样的人、如何培养人以及为谁培养人提供了基本的工作遵循。课程思政是要将思想政治教育融入其他课程教育，不管是作为具体的思想政治教育还是作为宏观的教育而言，都是为了实现立德树人。课程思政始终坚持以德立身、以德立学、以德施教，注重加强对学生的世界观、人生观和价值观的教育，传承和创新中华优秀传统文化，积极引导当代学生树立正确的国家观、民族观、历史观、文化观，从而为社会培养更多德智体美劳全面发展的人才，为中国特色社会主义事业培养合格的建设者和可靠的接班人。

（二）课程思政的理念是协同育人

从课程思政的提出来看，其目的就是实现各类课程与思想政治理论课的同向同行，实现协同育人。不论是“三全”育人还是“十全”育人，体现的都是协同育人的理念。作为我们党的教育方针和我国各级各类学校的共同使命，能不能为中国特色社会主义事业源源不断培养合格建设者和可靠接班人，能不能为实现中华民族伟大复兴中国梦凝聚人才、培育人才、输送人才，是衡量一所学校教育水平最为重要的指标。世界一流大学都是在服务自己国家的发展中成长起来的，只要我们在培养社会主义建设者和接班人上有作为、有成效，我们的大学就能在世界上有地位、有话语权。中国特色社会主义教育本身就是知识体系教育和思想政治教育的结合与综合，不能让思想政治教育和人才培养变成彼此孤立的“两张皮”。课程思政所践行的正是将两者辩证统一起来，把教书育人规律、学生成长规律和思想政治工作规律紧密结合起来，把立德树人内化到学校建设和管理各领域、各方面和各环节，用一流的思想政治教育体系建设引领一流的人才培养体系，使思想政治教育至柔至刚、滋润万物的精神力量融通教师的每一个课堂、贯穿学生的每一步成长，真正在“三全”育人的大思政工作格局中，引人以大道、启人以大智，使学生成长为栋梁之材。

（三）课程思政的结构是立体多元

课程思政本身就意味着教育结构的变化，即实现知识传授、价值塑造和能力培养的多元统一。现实的课程教学中往往由于各种原因导致这三者被割裂，课程思政从某种意义上来说正是将这三者重新统一的一种回归。课程思政要求教师要在教育中积极探索实质性介入学生个人日常生活的方式，将教学与学生当前的人生遭际和心灵困惑相结合，有意识地回应学生在学习、生活、社会交往和实践中所遇到的真实问题和困惑，真正触及他们默会知识的深处，亦即他们认知和实践的隐性根源，从而对之产生积极的影响。同时，在理性化的社会中，感性必须和理性结合、感性体验必须和知性认识结合，才有可能真正使某种价值观念得到深入、稳定、持久的理解和认同。因此，课程思政也要求向学生传授普遍的、客观的知识，进一步提高他们的理性认知能力和水平，以促进其默会知识的提升和转化。而言传知识与默会知识，或者说知识传授与心灵成长、价值塑造和能力提升之间的互动，恰恰是课程思政所要达到的目的。

（四）课程思政的思维是科学创新

在社会大变革、文化大繁荣的时代，既要树立科学的思维，也要树立创新的思维。在全国高校思想政治工作会议上，习近平总书记提出了提高学生思想政治素质的明确要求，即“四个正确认识”，其要义就在于要学会用正确的立场、观点和方法分析问题，把学习、观察、实践同思考紧密结合起来，善于把握历史和时代的发展方向，把握社会的主流和支流、现象和本质，养成历史思维、辩证思维、系统思维和创新思维。对于课程思政而言，其首先所展现的就是一种科学思维，它强调要用辩证唯物主义和历史唯物主义的思维方式去看待事物，不能陷入唯心主义和机械唯物主义的泥沼，将理论导向神秘主义。课程思政所展现的是一种创新思维，它强调在思想政治理论课以外的课程中融入思想政治教育，这是以前的思想政治教育未曾关注的。在课程思政建设的具体过程中，也需要创新思维，以新思维催生新思路，以新思路谋求新发展，以新发展推动新方法，以新方法解决新问题，实现课程思政的创新发展。

二、基于"SPADE"诊断模型的课程思政建设

正是基于课程思政立德树人、协同育人、立体多元和科学思维的内涵特征，目前高校引入了先进的"SPADE"诊断模型，进一步巩固和深化课程思政的建设。

（一）"SPADE"诊断模型建立思路

"系统化·规范化·常态化"是质量诊改工作的总思路。学院通过建立常态化的内部质量保证体系和可持续的诊断与改进工作机制，按照诊改工作实施方案规范有序、稳步推进质量诊改工作，将质量管理、信息化管理以及第三方评价等相结合，根据"目标—标准—运行—诊改"螺旋递进的常态化机制进行自我诊改，实现诊改工作有谋、有法、有效，不断提高学院人才培养质量，助力学院内涵发展。

（二）"SPADE"质量诊改模型及指标体系

经过探索和实践，构建了具有现代商务特色的"SPADE"质量诊改模型及指标体系。"SPADE"模型包含五个层面，每个层面均包含五个维度（简称五个"五"）。其中：学校发展五重是指重规划、重体系、重制度、重考核、重保障；专业建设五力是指发展潜力、教师魅力、课程保证力、就业竞争力、社会影响力；课程建设五度是指符合度、完整度、满意度、创新度、达成度；教师发展五独是指育人情操独有、教学能力独到、教师魅力独特、科研能力独创、仁爱之心独秀；学生成长五到是指知识学到、技能练到、素质达到、情商悟到、胆商独到。

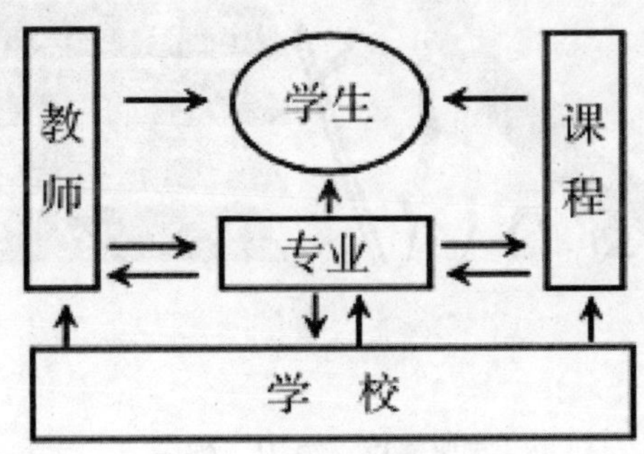

"SPADE"诊断框架

1. 学校层面建立“五重”模型为课程思政建设提供制度保障

在学校层面，构建学校发展“五重”模型，从重规划、重体系、重制度、重考核、重保障五个方面对学院发展能力及人才培养质量进行全面诊改。这在制度层面为课程思政建设，制定了考核标准，为课程思政建设引领了方向。

学校发展“五重”模型

2. 专业层面建立“五力”模型为课程思政建设注入能量

在专业层面，以“校企合作、产教融合、服务区域经济发展、培养现代商务高素质应用型人才”为建设理念及目标，构建专业建设“五力”模型，从专业发展潜力、教师魅力、课程保证力、就业竞争力、社会影响力五个方面对专业的建设与发展进行诊改。课程思政建设需要高校提升专业的就业竞争力，科学制定课程规划，保障专业未来的发展潜力，同样需要一支高素质的教师队伍。

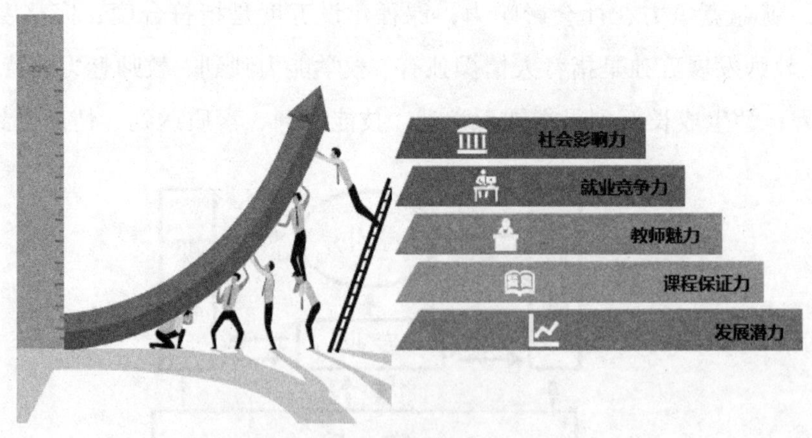

专业建设“五力”模型

3. 教师层面建立“五独”模型为课程思政育人目标奠定基础

在教师层面，根据教师成长规律，构建教师发展“五独”模型，按入职期、成长期、成熟期、发展期的进步阶段，对新进教师、骨干教师、教学名师、专业带头人分类设定诊改关键指标，从育人情操独有、教学能力独到、科研能力独创、教师魅力独特、仁爱之心独秀五个方面按不同的评价指标实施教师自我诊改。学生的教育主要在教师，只有在教师层面建立起科学创新的诊断模型，才能为课程思政立德树人的育人目标建设奠定基础。

D “课程建设五度”模型

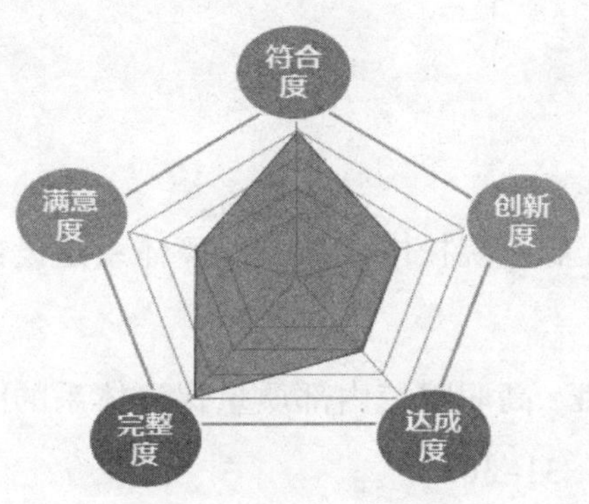

课程建设“五度”模型

4. 学生层面建立“五到”模型为课程思政学生能力培养制定标准

在学生层面，以立德树人为根本，构建学生成长“五到”模型，从知识学到、技能练到、素质达到、情商悟到、胆商独到五个方面开展学生发展能力诊改。课程思政的核心思想就是学生的思想道德建设，“五到”模型中提到学生的素质达到、情商悟到和胆商独到，为学生综合素质的培养和诊断体系的建立指明了方向。

学生层面“五到”模型

三、结语

新时代课程思政建设的推进对于高校人才培养提出了更高的要求，在以往只重视专业知识、课程学习的基础上，更重视高校学生的道德建设和综合能力培养。正是在这种背景下，部分高校引入“SPADE”诊断模型，为课程思政的建设制定了更科学化、系统化的诊断考核体系，不管是学校方面、教师方面还是学生方面都有制度约束和考核指标，不再是空泛 的谈课程思政的理论和精神，相信随着“SPADE”诊断模型在高校的推行，课程思政建设的目标必将实现。

参考文献

[1] 刘虎，石伟平 . 职业院校内部质量保障体系建设：问题与对策［J］. 职教论坛，2012（13）：12-15.

[2] 陈寿根，万里亚 . 高职院校内部质量保证体系的内涵、建构原则与实践模式［J］. 职业技术教育，2017（1）：31-36.

[3] 张驰，宋来 . 课程思政升级与深化的三维向度［J］. 思想教育研究，2020（2）：93-98.

[4] 唐松林 . 培育质量文化，建立常态化的质量管理模式［J］. 中国高等教育，2008（24）：31-32.

[5] 宋晓芳 . 高校教师教学胜任力模型研究［D］. 武汉：华中科技大学，2007.

[6] 郑佳然 . 新时代高校“课程思政”与“思政课程”同向同行探析［J］. 思想教育研究，2019（3）：94-97

依托“专业建设五力”模型提升专业诊断质量

广西国际商务职业技术学院　胡博巍

【摘要】教育部出台《高等职业院校内部质量保证体系诊断与改进指导方案（试行）》，明确提出专业质量保证是高等职业院校内部质量保证体系诊断与改进工作的重要任务之一，专业层面的诊断与改进也是职业院校内部质量保证体系诊断与改进的重要内容，是教学工作诊断与改进的关键内容。可见，在当今职业教育发展背景下，在职业院校有效开展内部质量保证体系诊断与改进，尤其是专业层面的诊断与改进工作，是提升职业院校教育质量的自我保证能力和水平的重要任务，是影响职业院校生存与发展的重大问题。

党的十八大以来，习近平总书记在不同场合围绕“质量”和“质量强国战略”发表了一系列重要论述，在党的十九大报告中更是进一步指出质量强国的重要性、可行性和紧迫性。国务院在 2019 年印发《国家职业教育改革实施方案》，提出了推进高等职业教育高质量发展是进一步办好新时代职业教育的具体措施之一。此前，教育部出台《高等职业院校内部质量保证体系诊断与改进指导方案（试行）》，明确提出专业质量保证是职业院校内部质量保证体系诊断与改进的重要任务之一，专业层面的诊断与改进是职业院校内部质量保证体系诊断与改进工作的重要内容，是教学工作诊断与改进的关键内容。可见，在当今职业教育发展背景下，在职业院校全面推进内部质量保证体系诊断与改进，尤其是专业诊断与改进工作，是提升职业院校教育质量的自我保证能力和水平的重要任务，是影响到职业院校生存与发展的重要问题。

一、职业院校“专业建设五力”模型的构建

教育部在 2015 年发布《关于建立职业院校教学工作诊断与改进制度的通知》（教职成厅〔2015〕2 号），明确要求职业院校要根据自身办学定位以及人才培养目标，在专业设置、师资队伍打造、专业及课程建设与改革等方面推进诊断与改进工作，以确保人才培养质量的保障与提升成为常态化的工作。为了对职业教育如何保证教学质量进行指导，教育部同年出台了《高等职业院校内部质量保证体系诊断与改进指导方案（试行）》（教职成司函〔2015〕168 号）。这些文件的相继出台，引发了各地教育部门对职业院校内部质量保证体系建设及完善的高度

重视，并迅速在全国职业院校掀起了开展内部质量保证体系诊断与改进工作的高潮。职业院校内部质量保证体系，简而言之，就是为了达到不断提升教育教学质量的目的而开展有效的不间断的质量管理活动的体系。在职业教育教学质量体系中，职业院校作为办学方，理所当然要承担起保证教学质量的主体责任，同时通过对教学工作全员、全方位、全过程的不断的自我诊断与改进，接续完善学校内部质量保证体系，以达到教学质量和人才培养水平的持续提高。因此，在构建职业院校内部质量保证体系诊断与改进模型时，职业院校首先要牢牢确定人才培养目标的唯一内核地位，也就是说，必须把学生的成才成长作为办学的出发点和落脚点，同时构建出以职业院校办学定位和人才培养目标相吻合的目标链与标准链。职业院校的人才培养职能，都要以具体的专业为载体，并通过一系列相互关联且系统化的课程体系来实现。在“一切为了学生，为了一切学生，为了学生一切”的教育理念指导下，科学合理地构建职业院校内部质量保证体系的诊断与改进模型，就应该遵循“以学生为中心，以专业为载体，以学校为办学主体，以课程和教师为两翼”的路径，职业院校内部质量保证体系“SPADE”诊断与改进框架正是基于以上逻辑而建构的。“SPADE”诊断与改进模型是广西国际商务职业技术学院依据职业院校内部质量保证体系诊断与改进模型的构建思路，结合学院多年的诊断与改进工作实践经验而构建的。“SPADE”取自诊断与改进模型中教师发展五独、专业建设五力、学生成长五到、课程建设五度、学校发展五重这五个诊断与改进工作层面核心词“独（Special）、力（Power）、到（Achievement）、度（Dimension）、重（Emphasize）”的英文单词首写字母的组合。每个层面包含5个维度，共设立了100余个诊断点。学院发展五重是指重规划、重体系、重制度、重考核、重保障；专业建设五力是指发展潜力、教师魅力、课程保证力、就业竞争力、社会影响力；课程建设五度是指符合度、完整度、满意度、创新度、达成度；教师发展五独是指育人情操独有、教学能力独到、教师魅力独特、科研能力独创、仁爱之心独秀；学生成长五到是指知识学到、技能练到、素质达到、情商悟到、胆商独到。

在专业层面，紧紧围绕“校企合作、产教融合、服务区域经济发展、培养现代商务高素质应用型人才”的建设理念及目标，构建“专业建设五力”模型，从专业发展潜力教师魅力、课程保证力、就业竞争力、社会影响力五个方面对专业的建设与发展进行诊改。

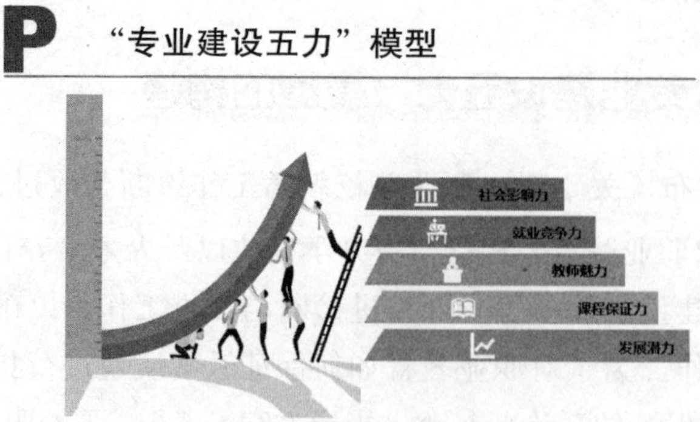

P “专业建设五力”模型

社会影响力
就业竞争力
教师魅力
课程保证力
发展潜力

“专业建设五力”模型

二、依托“专业建设五力”模型促进专业诊断质量

“专业建设五力”模型的成功构建，使学院专业层面的诊断与改进工作的实施有章有法。首先，实施专业层面诊断能做到有据可依。以学院十三五规划和专业发展十三五规划为依据，制定专业及课程系列标准，包括专业设置准入与动态调整、专业设置、专业建设与评估等系列标准。“专业建设五力”诊改模型指标体系融入学院品牌专业认定办法，周期地进行品牌专业认定，从而指导专业内涵建设。同时，结合专业动态调整机制，借鉴品牌专业认定结果，为专业动态调整和优化提供有效依据。其次，第三方数据采集更为合理。第三方根据“专业建设五力”诊改模型的指标体系，对学院专业进行数据采集及数据分析，更能切实地依据学院专业建设与发展需要提供有效的指导及提出针对性更强的建议。最后，通过依据“专业建设五力”模型实施专业诊改，有效加强了学院专业建设顶层设计。“专业建设五力”诊改模型的构建明确了学院专业建设的总体思路及建设要求，加强了学院特有的专业建设顶层设计，形成了专业内涵建设的总抓手。同时，明确树立了学院专业建设标杆，“专业建设五力”诊改模型指标体系的完善，使专业品牌认定更加科学合理，并进行周期性地复核，有利于树立学院专业建设标杆，形成学院品牌专业、优势专业和特色专业，为龙头专业建设的发展奠定坚实基础。

参考文献

［1］顾月琴，魏晓峰．德国双元制职业教育的困境及其发展趋势［J］．职教论坛，2010（3）：90–93.

［2］唐松林．培育质量文化，建立常态化的质量管理模式［J］．中国高等教育，2008（24）：31–32．

［3］谢莉花．职业教育视野下职业体系与专业体系的关联分析［J］．职教论坛，2015（22）：10–15.

［4］陈寿根，万里亚．高职院校内部质量保证体系的内涵、建构原则与实践模式［J］．职业技术教育，2017（1）：31–36.

［5］刘虎，石伟平．职业院校内部质量保障体系建设：问题与对策［J］．江苏教育，2013（12）：14．

会计事务专业开展在线教学的实践与思考

——以上海市商业学校为例

上海市商业学校　朱晓将

【摘要】本文以“互联网 + 教育”理念重塑信息化教学为突破口，从背景与举措、经验与不足、对策与建议等方面阐述了会计事务专业开展在线教学的方法、路径，阐述了会计事务专业“三教”改革实践的初步探索成果，从而为今后进一步深入开展信息化教学改革打下坚实基础。

引言

自新冠肺炎疫情暴发以来，全国 11000 余所中等职业学校相继启动在线教学，将线下教育教学全面迁移至线上。上海市商业学校自 1960 年建校以来，经过 60 余年发展，会计事务专业建设取得了一定成效，但也存在一些制约专业发展的瓶颈。面对突如其来的疫情，以“在线教学改革创新”为动力，以“提高在线教学质量”为目标，会计事务专业开展大规模线上教学，确保了疫情防控期间在线教学的顺利实施，教师信息化教学素养得到加强，以学生为中心的意识得到普遍提高，为未来信息技术与教育教学深度融合提供了有力支撑。

本文结合对“互联网 + 教育”的理解，全面分析会计事务专业开展在线教学的成效、不足与对策建议，致力于推进会计事务专业适应数字经济时代人才需求，给相关职业院校提供一些可供借鉴的经验。

一、研究背景与主要举措

（一）研究背景

《国家职业教育改革实施方案》明确提出，要落实立德树人根本任务，以发展师生信息技术素养与职业能力为核心目标，以支撑学校教育教学变革与发展的技术系统为核心内容，通过教育教学模式创新，促进师生全面、自由、个性化发展。大力推进“互联网 + 职业教育”是现代职业教育发展的必然选择。服务全民终身学习、促进就业是新时代赋予职业教育的重要使命，职业院校要突破传统教育的范式，形成基于互联网的多样化、专业化、扁平化的职业教育新生态，满足学生个性化的终身发展需求。

传统的会计核算工作需要大量人员去完成手工劳动，新冠肺炎疫情期间，大多数会计从业人员不能够返岗复工，在线工作成了新常态，当代会计人才具有在平台上办公的能力至关重要。数字经济时代，会计的大多数工作会被计算机和人工智能取代，传统会计从业者如果不及时学习，主动适应新工作模式、区块链、云技术等新科技带来的变革，将面临失业危险。

（二）主要措施

（1）加强线上教学组织建设与制度建设。为加强在线教学管理，教学团队成立了工作专班，制定了在线教学工作方案，细化了《网络教学指导意见》，对开课后的网络教学故障及应急处理制定了详细的应对办法，对教师开展网络教学采用的录播、网络课程、网络研讨等方式方法提出指导性意见。

（2）多维度促进线上教学组织实施。将原教学计划进行大幅调整，制定线上教学计划，完成《线上教学安排表》，开设在线教学课程36门，其中，公共基础课10门，专业必修课14门，专业选修课10门，课程开课率达100%。

（3）全力做好教学平台与教学资源准备。与中职MOOC（慕课）、超星尔雅、蓝墨云班课等平台对接，开展教师在线教学培训。做好充分的网络教学资源准备，使用喀秋莎、小黑板等各类工具软件，制作发布视频、微课、电子图书、小程序等各类教学资源约80个，满足在线教学的需要。

（4）加强教学督导，及时反馈教学中的各类问题。改进教学督导方法，建立了多维度、多角度、多层次、全方位的督导与监控制度，动态反馈网络教学质量，不断提高教师信息化教育教学水平，实时了解网上教学动态，及时发现问题并解决，以加强网络教学质量督导监控，提高教学质量，满足学生对高质量学习的需求。

二、取得的成效与存在的不足

（一）取得的成效

在线教学促使学生在教学过程中的主体地位得以凸显。线上教学避免了传统课堂教学模式下时间和空间的限制，宽松的学习氛围使学生的主动性与创造性得以更好地发挥，使学生成为教学过程中真正的“主角”。

教师角色的转变充分体现了建构主义观点在线上教学中的运用。通过在线教学，很多教师意识到，知识不再是仅仅通过教师讲授获得，而是学习者在一定的教学情境中，在教师和学习伙伴的共同帮助下获得的。这种思维方式的转变对教师在今后的教学过程中改进教学方法将起到极大的推动作用。

线上教学对整合学校既有信息化教学平台、教学资源，纵向打通教学资源共享起到了很大的推动作用，学校将历年来专业建设制作的各类教学资源全部公布到教学互动平台上，供师生下载使用。

（二）存在的不足

1. 师生信息化素养有待进一步提升

教师和学生是开展在线教学的主体，教师的信息化素养和学生的在线学习能力是影响在线教学成败的关键因素。据统计，疫情发生前，会计事务专业文化基础课与专业课程中，采用线上与线下相结合的混合式教学模式开展教学的课程约占全校课程的35%。疫情发生后，几乎所有课程均采用了各种形式的线上教学，积大地推动了教育信息化进程。然而，疫情得到有效控制后，受传统习惯的影响，加之部分学生学习的主动性、积极性有待进一步提高，部分班级又恢复到传统的线下教学方式。究其原因，教师的理念认知欠缺和信息技术能力不足是影响在线教学质量的首要原因，学生在线学习的信息化素养、重视程度、学习方法和习惯也是影响在线教学的重要因素。师生信息化素养有待进一步提升。

2. 实践性教学受到一定程度影响

学校近年来通过专业建设，加强数字化教学资源建设，加之学校与各相关院校开展课程共建，共享专业课程资源，解决了学校教学资源与教学平台的困难，为线上教学提供了有力支持，但仍有部分实践性课程，如沙盘模拟企业经营、点钞技术，以及部分需要专业软件支持的课程，如企业会计岗位实训、VBSE综合实训等线上教学的教学效果受到一定影响。

3. 校企合作信息化教学改革机制尚待完善

产教融合、校企合作是职业教育的基本特征，线上教学需要平台企业的大力支持。教育教学工作是一个复杂的生态系统，除了教学功能，还需要考核、管理、评价与资源展示等多要素综合才能构成一个完整的教学系统。加之会计事务专业教学又具有一定的特殊性与复杂性，需要平台企业提供更好的技术支持与服务。

疫情防控期间，教育主管部门主动与平台企业协调，免费为各职业院校提供了相应的平台服务，受到了师生的普遍赞誉。但疫情结束后，学校只能依靠社会公共教育云服务、MOOC平台、社交沟通软件提供在线教学，非公益性平台仅免费提供基本教学服务，无法提供考核评价、数据分析、管理、资源展示等功能。

4. 教师在线教学激励政策不足

学校鼓励教师开展线上与线下相结合的混合式教学，翻转课堂，实现课堂革命。主要措施是定期组织教师教学技能竞赛，以参加各级各类信息化教学法比赛的教师为骨干，带动教师使用各类教学平台开展线上教学。虽然取得了一定成绩，但部分教师的积极性有待进一步提高。归根结底，教师缺乏在线教学的动力，是影响在线教学广泛使用的重要因素，需制定相应激励机制，以调动教师参加课堂教学法改革的积极性。

5. 网络资源版权保护问题亟待解决

在开展大规模在线教学的过程中，很多教育管理者与专业教师关注到数字化教学资源的知识产权保护问题。教育主管部门强调，在开展在线教学时，应对资源进行分级管理，加强对资源知识产权的保护。学校《网络教学指导意见》中明确提出加强知识产权保护，避免可能出现的教学资源侵权、个人隐私泄露等问题。数字经济时代，在线教学涉及大量共建共享教学资源的使用，网络资源版权保护问题日渐凸显。

三、对策与建议

（一）提升师生在线教学素养

“互联网 + 教育”时代，职业教育的教学理念、教学内容和教学方式将发生革命性变化。教师需要借助信息技术全面提升信息化教学能力和创新教学能力，不断提高自身的可持续发展能力，主动适应大数据、人工智能、区块链等技术变革，抓住个人成长机遇，提升在线课程设计与开发、数据分析和评价、混合教学等信息化能力，走出教学舒适区，提升数字化学习能力。学生需要借助信息技术全面提升信息化学习能力、实践能力，培养创新精神和终身学习能力，以适应时代和未来发展的需求，成为学习的主人。

（二）加强在线教学资源管理

虚拟仿真技术能有效解决职业教育教学缺乏技能操作与演练环境的现实困境，这类资源是职业教育数字资源的特色与重心。虚拟仿真实训资源具有技术含量高、专业性强、能满足岗位能力实践要求、成本投入大、开发周期长等特点。

职业院校可不断加强产教融合、校企合作，加强与同类职业院校的交流合作，共同开发开放教育资源，如教学资源库、电子书、在线开放课程、精品课程、网络课程、虚拟仿真实训软件等，以破解职业教育数字化教学资源的难题。教育主管部门也可主导形成开放教育资源共建共享生态，从资源共建共享共治的机制上根本解决资源供需的结构化矛盾。

（三）完善在线教学工作机制

教育主管部门应继续加大对职业院校信息化教学改革的支持力度，形成有利于职业院校教育教学改革的良好氛围。此外，可以以购买服务的方式向职业院校提供公益性教育云服务、MOOC 平台、社交沟通软件等。

职业院校应主动作为，通过产教融合、校企合作，共同开发融教、考、管、评、资一体的信息化教学平台，统一数据规范，在各类学习终端上，实现教学、考核、管理、数据分析与评价、资源展示各项功能的教学互动平台。

职业院校应成立信息化领导小组，由负责教育教学的副校长牵头，聘请专家小组共同研究讨论，以文件的形式阐明学校信息化的理念和管理依据，包括信息化战略规划、信息化管理政策、基础设施建设标准、数据标准、用户信息化岗位规范、信息化管理制度等。

此外，为保障信息化教学改革，还应建立信息化运行保障机制，包括信息化运维管理、安全保障、人员培训、经费保障、研究与发展机制等。

（四）建立在线教学激励政策

按照教育主管部门统一部署，学校可组织骨干教师参加空中课堂课程资源制作，参加各级各类在线开放课程、精品课程、网络课程、数字化教材建设。定期总结经验，对取得显著成效的个人和集体进行表彰，鼓励教师积极参与在线教学资源开发。

通过各级公开课、教学法比赛、在线直播课程等方式，鼓励教师积极参与在线教学，实现“以学生为主体，以教师为主导”的新型教学方法，实现翻转课堂与课堂教学革命。

实行职称评审政策倾斜。将积极参加线上教学并取得突出成绩作为教学实绩列入职称评价细则，作为教师职称评审的重要评价指标，对于做出特别贡献、获得明显成效的，在同等条件下予以倾斜。

（五）加强网络资源知识产权保护意识

国家立法机构应当制定出完善的相关法规，更好地保护网络资源版权的安全。要加强网络资源知识产权保护意识，维护版权拥有者的权利。政府职能部门对于知识产权保护应当引起足够重视，逐步提高全民知识产权意识，科学、合理、合法、有效地利用信息资源，保护自身合法权利，使得网络资源知识产权保护与教学资源的获取形成良性循环，通过共同努力，转变思想意识，从根本上遏制网络资源知识产权侵权行为。

参考文献

[1]邱振华，王迪．大数据背景下会计人才培养模式改革探究［J］．中国市场，2021（23）：189-190.

[2]涂君．“互联网＋”时代高职院校会计人才培养的困境与变革探讨［J］．中国市场，2020（20）：193-194.

[3]王十一．信息化时代网络教学资源的整合与共享［J］．广西广播电视大学学报，2020（5）：10-15.

[4]杨卫民．在数据智能化背景下程序设计课程线上线下混合式教学模式构建［J］．计算机时代，2021（5）：4.

[5]陶依贝．混合式教学模式下调动学生积极性的教学设计[J]．科技风，2021.(13).56-57.

[6]许松涛，王博．大数据背景下高校管理会计课程体系改革策略研究［J］．商业会计，2020（13）：118-120.

论“SPADE”模型下大数据与会计（中外合作办学）专业的发展建设

广西国际商务职业技术学院　肖悦　黄嘉妮

【摘要】广西国际商务职业技术学院根据其多年诊改试验经验及广西财经商贸类高职院校的特点，设计、构建了“SPADE”质量诊改模型及指标体系。“SPADE”模型从学校、专业、课程、教师、学生五个层面，对学校内部发展情况进行全面诊断。大数据与会计（中外合作办学）专业成立于2017年，仍处于逐步成熟阶段，在“SPADE”模型的指导下，该专业有了更明确的建设目标和发展方向。

一、“SPADE”模型专业层面简介

“SPADE”模型是广西国际商务职业技术学院在开展内部质量保证体系诊断与改进工作过程中，以发展性评价为价值导向，通过不断实践改进，构建的具有广西财经商贸类高职院校特色的质量诊改模型及指标体系。“SPADE”取自诊改模型独（Special）、力（Power）、到（Achievement）、度（Dimension）、重（Emphasize）五个层面英文单词首写字母的组合，每个层面均包含5个维度，共设立了100余个诊断点。

独（Special）即教师发展五独，教师应做到育人情操独有、教学能力独到、教师魅力独特、科研能力独创、仁爱之心独秀；力（Power）即专业建设五力，包括发展潜力、教师魅力、课程保证力、就业竞争力、社会影响力；到（Achievement）即学生成长五到，是指通过在校的学习，学生的知识学到、技能练到、素质达到、情商悟到、胆商独到；度（Dimension）即课程建设五度，指符合度、完整度、满意度、创新度、达成度；重（Emphasize）即学校发展五重，指重规划、重体系、重制度、重考核、重保障。

专业建设五力，明确了专业建设发展应以“校企合作、产教融合、服务区域经济发展、培养现代商务高素质应用型人才”为理念及目标，规范专业建设师资条件，注重创新，明确人才培养方案，提升就业率，为社会输送高质量专业人才。

二、大数据与会计（中外合作办学）专业建设介绍

广西国际商务职业技术学院于2017年开始，与加拿大北方应用理工学院—— Northern College（以下简称：北方学院）合作开办大数据与会计（中外合作办学）专业，合作形式主要分为两类："2+1"和"3+0"。"2+1"是指修够专业学分且通过北方学院ESL语言考试的学生在第三年可选择赴加拿大留学，完成最后一学年课程。"3+0"是指通过ESL语言考试后，选择继续留校学习。两种模式，学生在毕业后都将获得广西国际商务职业技术学院和北方学院的毕业证书。ESL语言考试共有三次，从第三学期开始，其中一次能够通过即可。本专业主要面向跨国企业、外贸企业、外商独资企业、合资企业金融行业、非营利组织等单位从事会计核算、国际结算、会计监督、会计工作管理、涉税业务办理、财务管理岗位及会计师事务所的查账验证、会计咨询等工作，围绕学生成长"五到"模型，培养适应国际经济一体化发展趋势，具有诚信、敬业的良好职业素质，熟悉涉外政策、法律法规、国际惯例和准则，具备涉外会计核算、国际结算和成本计算与管理所需知识和技能，具有经济、财会、金融、管理等相关知识结构和综合素质，具备创新精神、创业意识和创新创业能力，具有国际化视野的、现代商务特色鲜明的高素质应用人才。

北方学院是加拿大安大略省一所公立学院，成立于1967年，具有国际一流的技术技能培训体系和先进的管理模式。从2015年开始与河南经贸职业学院建立合作，后续还与重庆工业职业技术学院、湖南工业职业技术学开设了合作办学专业，具有良好的中外合作办学经验。北方学院可提供科技、商业、科学等多领域的92种教学方案，可以为学生提供实习、就业和再就业的机会，有联邦和省政府或私营部门资助的贴近产业的教学项目。在北方学院，学生可以通过在实训室工作、安排就业或者两者结合而获得工作经验，提升专业能力。

大数据与会计（中外合作办学）专业于2017年开始正式招生，2017年该项目共招收9人，2018年招收21人，2019年招收19人，2020年招收11人，2021年招收27人。由于受新冠肺炎疫情影响，2020年招生人数骤减，但2021年有了显著的回升，招生人数呈增长趋势。该专业教学计划由双方院校共同研究制定，专业课程按双方确定的教学计划和教学大纲要求开设。课程体系既包含我院职业基础素质、职业通用学习领域，又包含中加共同开设的专业核心能力学习领域，融贯中西的优质教育。

为了提升学生的英语能力，提高ESL语言考试的过关率，开设"剑桥英语I&II""商务英语交际I&II""英语口语实训""商务英语综合实训"等英语强化课程，效果显著，两届毕业班ESL语言考试过关率保持在50%。受新冠肺炎疫情影响，由于国外疫情形势仍不容乐观，目前还未有学生选择出国学习。

三、专业建设五力模型的作用

（一）专业发展潜力

专业发展潜力质量保证标准提出，在招生规模及培养质量方面，近 3 年全日制招生完成率应达 90%、平均报到率应高于 85%、招生规模保持持平或增长。该专业成立时间较短，与普通会计专业相比，知名度不高，且学费昂贵，招生人数一直较少。为改善这一情况，从 2020 级开始，学费由原来的 18000 元 /（生・年），降为 13000 元 /（生・年），同时，加大宣传力度，2021 年招生情况有了显著改善。

专业质量标准还提出：要注重校企合作，与企业共同研究专业设置，适应市场需求；共同设计人才培养方案，协同育人；共同开发课程及教材，切合岗位要求；共同建设实训实习平台，资源共享；共同制定人才培养质量标准，与职业、行业、企业标准对接；共同组建教学团队，参与教学实施和教学改革与研究。中外合作办学具备一定的特殊性，虽然尚未寻求到合适的外贸企业，但每年学院都会邀请行业专家进行专业建设指导，协助调整专业建设方向，使得人才培养符合行业需求。

（二）专业教师魅力

标准对专业带头人职称、科研、教学能力，教师团队的师生比例、学历比例、双师比例、职称比例、兼职教师比例结构，专业教师专业素养、教学能力及发展提出了全面、细致的要求。受新冠肺炎疫情影响，北方学院教师无法来中国授课，由于 12 小时的时差问题，也无法进行线上授课，因此，所有的专业课程均由广西国际商务职业技术学院完成。学院注重建设具有国际化视野的教师团队，多位教师具有海外以及中国香港、中国台湾学习经历，具备双语授课的能力。

（三）专业课程保证力

专业课程保证力要求：课程体系体现能力本位、凸显职业能力为主线，应引入国际化教学资源，教学内容应与人才培养目标、学生能力适配度高。该专业人才培养方案，既要符合北方学院的专业课程要求，又要符合我国高职院校人才培养的要求，具备一定的特殊性。对于该专业人才培养方案，学院仍处于不断摸索阶段，2018 级、2019 级、2020 级人才培养方案都有不同程度的修改。本项目学生培养工作纳入全院学生培养范畴，并取得了一定的成效。专业人才培养方案的实施由教务处统筹，调动全院优势资源，根据加方要求，开设相应的专业课程，组织符合要求的教师按照加方课程教学大纲进行备课和授课，采用双语教学，共引进加方课程 27 门，主要分布在职业通用能力学习领域和专业核心能力学习领域，经过学院国际交流部门审核后，将相关教材内容结合国内教学实际进行使用。项目还加大了对学生英语素质和能力的培养，加方要求的课程均能做到教学资料、授课教师的双语化，努力为学生创造丰富的语言环境，提高学生的英语学习及应用能力。

此外，该专业还引进北方学院会计专业的教学模式，设置国际前沿课程，执行外方原型教学，课程内容强调知识的基础性和应用性，教学方法注重案例分析，鼓励师生互动和团队协作，注重教育教学与国际标准接轨。

（四）就业竞争力

就业竞争力标准指出：在学生综合素质方面，应鼓励学生参加专业技能大赛或创业类大赛，近 3 年获自治区优秀毕业生 1 人以上，学生参加社团比例不低于 50%，获职业技能等级证书比例不低于 30%。在学生就业与创业方面，近 3 年毕业生就业率不低于 90%，就业对口率不低于 80%，当年度就业协议签订率不低于 80%，近 3 年毕业生就业满意度不低于 90%，毕业生自主创业保持增长。该专业目前有两届毕业生，2017 级毕业生 8 人，2 人升本，1 人参军入伍，其余全部就业；2018 级毕业生 18 人，5 人升本，其余全部就业，获自治区级优秀毕业生 1 人。在就业竞争力的指导下，对于在校学生，鼓励其积极参与初级会计证、“1+X”证书的培训与考核，积极参与创新创业比赛，积极参与大学英语等级考试等，提升自身综合素质能力，为就业打好基础。

（五）社会影响力

社会影响力标准要求：在继续教育、培训及社会服务方面，为政府、企业与社会开展职业教育培训，近 3 年有横向课题立项及结题，为行业企业提供生产、咨询和技术服务，开展社会培训，开展国际专项培训。在国际影响力方面，有教师赴国（境）外参与培训，有教师赴国（境）外任职、任教，专业教学标准或课程标准被国（境）外院校使用，有学生在国外就业。在技术服务与研发方面，教师参与社会服务，专业教师作为第一发明人获得国家发明专利，专业教学资源应用于社会与行业服务，专业教学资源对社会或其他学校开放。针对标准要求，目前已有一项课题结题，学院参与项目的教师也正在积极申请相关课题。在标准的指引下，学院正在筹建“管理会计”对外输出课程。

专业建设五力模型对专业建设发展提出了更高的要求，将专业建设与学校发展目标相结合，明确了专业建设不只是停留在人才培养方案的设定上，更要注重师资团队的建设、学生未来的长远发展，以及对社会的贡献。模型将各项维度的预期进行了细化，并明确了指标分数、加分标准及总评等级，为专业建设指明了具体方向，也有利于学院建设预警，在建设过程及时纠正偏差，保障专业发展按计划进行，有利于专业的长期发展。

参考文献

[1] 赵辉．“SPADE”模型视角下广西财经商贸类高职院校加强质量文化建设的探索［J］．国际公关，2019（4）：123-124.

中职会计事务专业开展课程思政的思考

上海市商业学校　朱晓将

【摘要】党的十九大报告明确提出，要落实立德树人根本任务。本文以中职会计事务专业开展课程思政为例，探讨新时代加强课程思政的必要性和紧迫性，剖析现有课程思政工作存在的不足，提出通过强化课程管理，挖掘思政元素，优化教学设计，创新教学方法，改进课程评价等途径提高课程思政工作的有效性和针对性。

习近平总书记在谈到思想政治教育时指出，要坚持把立德树人作为中心环节，把思想政治工作贯穿教育教学全过程，实现全程育人、全方位育人。他强调，要用好课堂教学这个主渠道，思想政治理论课要坚持在改进中加强，其他各门课都要守好一段渠、种好责任田，使各类课程与思想政治理论课同向同行，形成协同效应。习近平总书记的讲话为中等职业教育课程思政工作指明了方向，职业教育工作者应积极贯彻习近平总书记讲话精神，将课程思政落实到教育教学中，培养更多更好的知识型、发展型技术技能人才。

一、中职会计事务专业课程思政建设的必要性

（一）会计职业的特殊性决定了会计事务专业课程思政的重要性

会计是一门商业语言，会计人员提供的数据和报表背后反映出企业的资产负债、经营收益与现金流量等财务状况与经营成果，投资者、债权人和企业经营管理者需要真实可靠的会计信息做出有效决策。会计从业人员长期与货币资金、银行打交道，相比其他学科从业人员，所面临的诱惑更大，风险更高，对从业人员的价值判断、职业道德、诚信守规等要求更高。中职三年是学生人生观、世界观、价值观形成的关键时期，是学生职业生涯的起步阶段，加强专业课程思政教育有利于学生形成正确的职业道德观念和自我约束能力。

（二）国家教学标准对课程思政提出基本要求

2017 年 8 月，教育部颁布了《中等职业学校专业教学标准》，为中职各专业的教学质量提出了最低要求，这种底线要求不仅表现在专业教育方面，也体现在职业道德教育方面。其中，

《中等职业学校会计专业教学标准》在培养目标部分明确指出：坚持立德树人，培养德智体美全面发展的高素质劳动者和技能型人才。在职业素养部分，对具有良好的职业道德、能自觉遵守行业法规、规范和企业规章制度，具有爱岗敬业、诚实守信、廉洁自律、客观公正、坚持准则的会计职业精神，具有良好的人际交往能力、沟通协调能力、团队合作精神和服务意识，具有一定的创新精神等也有具体描述，中职会计事务专业国家教学标准将会计从业人员职业素养置于专业教育同等重要的地位，凸显了会计事务专业课程思政的必要性和重要性。

（三）会计从业资格认证制度变化倒逼专业课程思政建设

2016 年年底，国务院出台了《关于取消一批职业资格许可和认定事项的决定》。2017 年 11 月，财政部取消了会计从业资格认证制度，一些职业院校陆续修订了专业人才培养方案。中职会计事务专业、高职大数据与会计专业、应用型本科院校会计学专业纷纷取消了原会计从业资格考试科目——财经法规与会计职业道德课程，将其知识点拆分到经济法等其他专业课程当中。自此，与国家财经法规实务联系最紧密、职业道德风险最突出的会计事务专业失去了唯一专业思政课程，财会专业课程思政教育的重任由各门专业课程承担。

二、中职会计事务专业课程思政的内涵与实施现状

（一）会计事务专业课程思政的内涵

会计事务专业课程思政是指以专业课程体系为载体，以立德树人为根本任务，将思想政治元素全面融入专业课程教学过程，使得思想政治教育和专业课程教学融会贯通、同向而行的一种教育理念。学生在学习专业理论知识与实践技能的同时能够树立社会主义核心价值观，遵循职业操守和行业行为准则，提高职业素养，成为德智体美劳全面发展的社会主义建设者和接班人。

（二）会计事务专业课程思政实施现状

首先，部分职业院校对课程思政的重视程度不够，在组织管理中缺乏系统性思想，各教学行政部门、教学院系各自为政，未建立科学、有效的“三全育人”格局。教师是实施课程思政的主体，部分教师在授课时按照传统的教学方法组织教学，对课程思政政策精神领会不到位。少数青年教师缺少实践经验，对学生团队合作、吃苦耐劳、心理承受能力、依赖性等方面未能进行有效的指导。

其次，部分职业院校在制定人才培养方案和设置专业课程时缺乏系统性思想，课程思政对专业课程体系的渗透薄弱，课程思政元素挖掘力度不够深入，部分课程的课程思政内容有重复现象，如“会计基础”与“初级会计实务”中都强调诚实守信、遵纪守法等内容，不仅浪费资源，还容易使学生觉得枯燥乏味，对课程思政产生厌烦心理。

在教学设计上，教育部近几年提出“翻转课堂”，要求各职业院校充分利用信息技术手段，加强课前引导与课后训练。部分教师只注重课堂教学，忽视课前与课后环节，影响了课程思政实施的有效性。

在教学方法上，部分教师开展课程思政的手法比较单一，往往以理论讲授为主要方式，案例教学、情景教学等方法应用较少，忽略了学生是课堂教学的主体。学生认为单独的思政课堂内容枯燥乏味，不能学习到课程的要点，难以引起学生的兴趣和共鸣。笔者从 4 所中职学校 500 名会计事务专业在校学生中，随机抽取 120 名进行问卷调查，并按优秀、良好、一般、较差四个等级进行统计，认为课程思政工作优秀的学生仅占 22.5%，认为良好和一般的学生占 63.8%，认为较差的学生达 13.7%。

在考核评价中，部分职业院校执行的是旧课程标准，未能根据文件要求及时更新课程思政相关知识和技能要求。在考核评价中缺少对课程思政要素考核的要求，导致课程思政在教育教学过程中未能有效落实。

三、中职会计事务专业开展课程思政的实施路径

（一）强化课程思政管理

学校作为意识形态工作的重要领域，要将习近平新时代中国特色社会主义思想融入学校的各项工作中。要发挥课堂教学的主阵地作用，通过系统规划与顶层设计，建设有效的课程思政工作机制与管理制度，将教学工作与意识形态管理、学生管理、家校合作、社团活动等紧密结合在一起，建立交叉融合协同育人模式，形成各部门齐抓共管的“三全育人”新格局。要加强师资培训，提高教师开展课程思政的主动性，改变以往专注于专业教学的传统教学模式，将思政元素在潜移默化中融入课堂教学中。

（二）挖掘课程思政元素

教学管理部门与教学团队要紧密围绕“为谁培养人、培养什么人”，通过系统设计课程思政，研究专业特点，挖掘思政元素，将思想政治教育融入会计事务专业课程建设与改革中，提高

思想政治工作的有效性。可采用教师集体备课、邀请会计实务专家座谈等方式研讨思政元素的开发，发挥学生在课程思政中的主观能动性，组织同学积极参与调研，分析热点经济现象，查阅企业报表，分析企业违规案例，学习专业发展历史中的杰出人物，树立正确的价值观念，培养良好的职业素养与敬业精神。

课程思政在会计事务专业课程中的内容

序号	类别	内容
1	价值引领	拥护党的领导、社会主义核心价值观、公民意识、社会责任等
2	知识引导	工匠精神、商业伦理、诚实守信、廉洁自律等
3	能力培养	遵守国家法律、熟悉会计法律法规、遵守会计准则与会计制度等
4	素养提升	创新精神、创业意识、团队合作、服务意识、不畏困难等
5	其他	敬业精神、积极乐观、耐心细致、吃苦耐劳等

（三）优化教学环节设计

教学设计是将思政元素融入专业教学的重要环节，关系到课程思政能否取得预期效果。教师需认真分析每节课的知识传授、能力培养和价值引领三维目标，通过“课前布置案例讨论—课中分组项目实践—课后总结训练提高”实施专业教学与课程思政的融会贯通。

例如，在会计基础课程中的资产负债表章节，课前，教师通过平台发布任务，组织学生搜集有关“瑞幸咖啡事件引发中概股危机事件”的资料，以此案例导入教学目标；在课堂教学中，组织学生分组讨论，剖析公司在会计凭证—账簿—财务报表数据传递过程中伪造票据、粉饰利润的舞弊手段，在项目化教学中强化学生对资产负债表中各会计要素的理解与认知，提炼“商业伦理”“诚信、守法、廉洁自律”等思政元素；课后布置任务，学生分组完成题为“财务舞弊与 CFO 的会计职业道德”学习报告。学生往往会产生强烈共鸣，为将来职业生涯树立正确的道德观念。

（四）创新教学方法手段

认真研究学生的思想态度、学习习惯和兴趣爱好，因材施教开展课程思政，做到有的放矢。任课教师要更多地采用案例教学、情景教学、探究式教学、启发式教学等教学方法，激发学生的兴趣。要关注财经热点问题，组织学生开展社会调查，撰写调研报告，引导学生思考和探究，保证课程思政教学效果。

要发挥虚拟仿真专业实训室的作用，设置工作场景，营造工作氛围，

（五）改进考核评价方式

专业任课教师要改变以往考核评价中“重才轻德”的意识，要把“立德”作为人才培养的首要目标，立足专业教学和课程思政两个方面，将思政教育纳入学生考核评价范围，在考核评价方案中增加思政元素的比重与分值，对学业成绩进行综合评价。

要充分发挥信息技术在考核评价中的作用，在教学互动平台中搜集思政数据进行分析统计，拓展课程思政春风化雨、润物无声的育人效果。

参考文献

［1］曾婷 . 课程思政视角下会计专业教学改革探讨［J］. 科技教育，2021（2）：71-73.

［2］邱振地 . 大数据背景下会计人才培养模式改革探究［J］. 数字经济，2021（8）：189-190.

［3］郑佳然 . 新时代高校“课程思政”与“思政课程”同向同行探析［J］. 思想教育研究，2019（3）：94-97.

［4］张驰，宋来 . 课程思政升级与深化的三维向度［J］. 思想教育研究，2020（2）：93-98.

［5］王立新，王英兰 . 课程思政视角下高职会计专业课教学改革探讨［J］. 浙江工贸职业技术学院学报，2018（2）：21-24.

［6］甘岱琳 . 基于财务会计的课程思政建设研究［J］. 现代商贸工业，2020（13）：182-183.

［7］李建军，卜时忠 . 会计专业教师开展课程思政建设的实践与思考［J］. 现代企业，2021（7）：159-160.

"SPADE"模型在服装职业院校人才培养中的应用

广州大学服装学院　陈璐

【摘要】"SPADE"模型是一个质量诊改模型。本文通过对"SPADE"模型进行研究，探索"SPADE"模型如何在服装职业院校中实践，以及如何在师资队伍建设、学生能力培养、专业建设方面贯彻执行。

一、前言

"SPADE"模型是广西国际商务职业技术学院在长期理论研究与实践探索的基础上，为提高内部教学水平和人才培养质量而制定的一个诊断模型，"S"指代教师发展五独(Special)、"P"指代专业建设五力(Power)、"A"指代学生成长五到(Achievement)、"D"指代课程建设五度(Dimension)、"E"指代学校发展五重(Emphasize)，以实现诊改工作"六有"：有谋、有我、有章、有法、有数、有效。"SPADE"模型在职业院校内产生了一定的影响，广州大学服装学院是一所地处华南地区的服装类职业院校，培养服务于华南地区的服装类人才，将"SPADE"评价体系引入学院建设是学院近两年来进行的探索。

二、师资队伍建设

"SPADE"模型中的"教师发展五独"，包括育人情操独有、教学能力独到、科研能力独创、教师魅力独特、仁爱之心独秀五个维度。针对职业院校重实践的特点，在招聘专业教师时，除了要求有一定的学历外，特别注重对教师的动手能力的考核。服装设计教师必须能运用现代化设计软件设计出具有一定原创性的作品。对于服装工艺教师，要求教师必须有一定的工作经历，并且要求其在给定的时间完成指定服装的量体、裁剪、加工制作，制作工艺必须符合高质量标准。只有加强师资队伍建设，我们才能够培养出合格的毕业生，为国家输送服装制作高水平人才。

三、与国际接轨

国际交流是大学国际化的目的和主要实践形式，采取“走出去，请进来”的方法，建立国际教师培训制度，是拓宽教师视野且与国际接轨的主要措施。2014 年，广州大学纺织服装学院与法国高等服装设计学院 ESMOD 签约，成为国际教育集团在中国的分校。2017 年，学院邀请国际顶级立裁大师尼尔斯来 ESMOD 广州分校进行专业培训，学院派教师去学习，培训期间，教师感受到高级定制的真正内涵及制作的精良，大师在做立体裁剪时是随心所欲的，每一个步骤都行如流水，一气呵成。这种学习对于教师来说受益匪浅，既接收到了国际化思维、创新的方法，同时也提高了教学能力。将这些知识技能灵活运用到教学中，有效提高了学生的国际视野。

四、授课内容改革

“专业建设五力”模型包括发展潜力、教师魅力、课程保证力、就业竞争力、社会影响力 5 个维度。学院在课程保证力方面，构建专业评价标准和诊断指标，积极进行教学内容的改革。党的十八大以来，习近平总书记在多个场合谈到中国传统文化，指出坚持文化自信的重要性。传承、挖掘和保护中华服饰悠久的传统是高等职业教育义不容辞的责任。在华南地区有很多与服饰有关的非物质文化遗产，学院积极进行研究，改革教学内容。

2015 年 9 月 8 日，香云纱（坯纱）织造技艺被列为佛山市级非物质文化遗产。该织造技艺得到了佛山市政府的支持，在传承人的带领下得到了抢救性的保护，有专门的组织机构对香云纱的基本品种进行复原生产。然而，生产出来的香云纱很难走出博物馆，走出传统的框架，进入现代人的生活视野。由于缺乏与现代生活的联系，缺乏实际创新产品的应用和推广，使得对香云纱的保护和传承显得有些苍白无力，没有实现良性循环。学院在教学过程中，对香云纱的基本特征进行研究，包括香云纱的风格特征、艺术特征、工艺特征、纹样特征、面料肌理特征、细节特征等，并进行香云纱基本典型特征元素的提取，以香云纱实物照片、图形和文字的形式建立香云纱基本特征数据库，并对其在服装材料课程中的应用进行研究探索。另一方面，学院从使用功能创新设计的角度探索传统香云纱面料的应用，将香云纱的基本特征元素与现代时尚流行元素完美结合，从服饰品设计的角度探索将香云纱创新产品应用于服饰配件的方法。

五、以比赛带动教学

"SPADE"模型中的"学生成长五到"，包括知识学到、技能练到、素质达到、情商悟到、胆商独到5个维度。针对服装院校实际特点，考虑到职业教育归根结底是能力教育，其核心是以就业为优先目标，职业能力的培养和职业道德的培养尤其重要。学院积极鼓励教师、学生参加各类服装大赛，在实践中提高自己，检验自己的能力水平，取得了较多的成果。

笔者也积极参加了国内各项技能比赛，在向别人学习的同时提高自己业务能力。2021年10月，参加第七届"胜家杯"中国拼布创意设计大赛服饰设计组比赛并获金奖；2020年12月，参加第五届中国服装创意设计与工艺教师技能大赛获时尚女上衣立体造型铜奖。

同时，与学院老师共同指导学生参与多项赛事获奖。比如：2020—2021年度，指导学生在广东省职业院校技能大赛学生专业技能竞赛服装设计与工艺赛项中获一等奖和二等奖；在2020年5月广东大学生时装周，指导学生的毕业设计获得总决赛银奖；2019年4月，在"VGRASS东华杯"第十三届中国大学生服装立体裁剪设计大赛中荣获优秀指导教师奖；在2018年5月广东大学生时装周，指导学生的毕业设计获得总决赛金奖。

这些比赛提高了学生的学习热情，锻炼了动手能力，使毕业生在求职中获得用人单位青睐。

六、结束语

本文通过对"SPADE"模型进行研究，在指导师资队伍建设、教学内容改革、学生能力培养方面进行了探索，取得了一些成效。"SPADE"模型涉及的维度较广，包括职业教学的方方面面，如何针对服装院校的特点构建合理的指标体系，如何贯彻执行是我们下一步的工作重点。

参考文献

[1] 赵辉."SPADE"模型视角下广西财经商贸类高职院校加强质量文化建设的探索[J].国际公关，2019(4)：123-124.

[2] 承小贤，潘东良.诊改背景下高职院校教育质量文化建设的研究与实践[J].决策探索(下)，2018(12)：66-67.

1+X 证书制度试点助推财经商贸专业群建设

上海市商业学校　朱晓将　王云玺　金南辉

【摘要】本文以 1+X 证书制度试点为突破口，从背景与现状、过程与路径、反思与启示等三方面，阐述财经商贸专业群建设的实施路径，为职业院校财经商贸专业群建设提供理论研究与实践探索的案例。

引言

2019 年 1 月，国务院印发了《国家职业教育改革实施方案》，提出深化复合型技术技能人才培养培训模式改革，借鉴国际职业教育培训普遍做法，制定工作方案和具体管理办法，启动 1+X 证书制度试点工作。通过 1+X 证书制度试点，把学历证书与职业技能等级证书结合起来，加快人才供给侧结构性改革，增强人才培养与产业需求的吻合度，培养复合型技术技能人才。

各职业院校积极探索实施 1+X 证书制度试点，开展财务数字化应用、财务共享服务、个税计算职业技能等级证书试点工作。通过建立健全工作机制，促进职业技能等级证书和专业人才培养相融合，让 1+X 证书制度试点成为专业建设与教学改革的新引擎，促进内涵建设，提高专业人才培养质量。

一、背景与现状

数字经济时代，职业教育肩负着为区域经济结构调整、产业升级培养高素质技术技能人才的使命。面对大数据、人工智能、区块链、移动互联网、云计算、虚拟现实、跨境电子商务等一系列新技术、新模式、新业态的挑战，职业院校如何适应产业结构调整和行业飞速发展变化，探索一条适合当前职业教育改革发展的新路径，对深化职业教育改革，促进职业教育内涵建设具有深远的理论和现实意义。

很多职业院校为提升其自身专业建设水平，将一些拥有共同基础的专业组合成群，通过组群实现这些专业之间的教学资源整合。近年来，全国各地职业院校不断探索专业群建设，取得了一定成效。经过调研，本文将职业院校财经商贸专业群中具有代表性且涉及面广，开设数量较多的五个专业，即会计事务、国际商务、电子商务、商务英语、商务日语作为研究对象进行分析。目前财经商贸专业群建设存在一些问题，主要表现于以下方面。

（一）专业群建设缺乏整体规划

由于专业群建设还在起步阶段，对专业群建设的整体规划与顶层设计有待进一步提高，对区域经济发展、产业结构升级、行业发展前景等因素缺乏深入调研，没有与行业企业专家进行充分论证，部分专业设置缺乏行业与地域特色，造成与同类学校相近，同质化现象严重。

（二）专业群建设与区域产业发展契合度不高

部分专业仍存在专业方向老化、课程设置陈旧、人才培养方案滞后、专业知识与技能过时等现象，对人才培养的质量产生了一定程度的影响，不能满足区域经济发展与产业结构升级的需要。

（三）专业群课程体系设置不够合理

专业群内相关专业存在课程设置重复的现象，部分课程设计知识面窄，只关注本专业核心课程建设，造成学生知识体系不健全，影响到学生未来的可持续发展能力。此外，创新创业类课程、前瞻性强的课程、迁移性课程总体较少。

（四）专业群建设对师资培养力度不够

部分专业教师来自高校，缺乏行业背景，缺少对行业发展前沿理论与技能的掌握，在一定程度上影响了专业群建设的效果。

二、过程与路径

（一）加强顶层设计，建立健全工作机制

为深入开展1+X证书制度试点，促进专业群建设，职业院校应不断加强对证书制度试点与专业群建设的系统规划与整体设计，通过专业人才需求调研，结合区域经济发展与产业结构调整，进行专业布局结构调整，制定财经商贸专业群发展规划，构建与区域经济发展目标相适应的专业结构。召开专业建设群建设会议，赴政府部门、行业企业、相关职业院校开展调研，将各试点证书要求的新知识、新技术、新工艺、新模式融入专业发展规划。

职业院校应制定教学管理工作规程，通过开展1+X证书试点，实施专业人才需求调研和年度专业建设状况评估制度，以解决课程设置陈旧、人才培养方案与行业发展前沿脱轨、专业知识与技能过时等弊端，使人才培养方案与课程标准制定及时反映行业企业岗位对职业素养和职业能力的新要求，促进1+X证书项目顺利实施。

（二）构建专业群模块化课程体系

在1+X证书试点过程中，职业院校应通过加强专业群内各专业课程内容的优化整合，依托各证书提出的新技术、新标准，系统构建专业群课程体系。注重相通或相近的专业基础课程和相关或相近的专业核心课程建设，以“基础模块 + 专业模块”的形式，建设专业群内各专业共享的优质基础课程，各专业分别建设优质核心课程。

财经商贸专业群基于职业岗位能力培养的模块化课程体系

专业模块		会计事务	国际商务	电子商务	商务英语	商务日语
专业模块	顶层分立	会计基础 初级会计实务 管理会计 财务管理 会计职业道德 出纳实务	国际贸易业务流程 外贸单证实务 货运代理实务 市场营销基础 国际商务法律法规	商品信息采集 网店经营管理 电子商务客户服务 网络营销 网页设计与制作	商务英语听说 商务英语读写 商务英语口译 国际贸易业务流程 外贸英语函电 文秘实务	基础日语 商务日语听说 商务日语阅读 商务日语写作 国际贸易业务流程 文秘实务
基础模块	中层互选	业财一体化、商务数据分析、财务数字化应用 财务共享服务、个税计算、网店经营与推广 电子商务基础、人工智能时代跨语言编程、数字营销				
	底层共享	跨境电子商务多平台运营、财经应用文写作 商务礼仪、商业企业文化 沟通与演讲、智能机器人				

（三）组建创新教学团队推进“三教”改革

师资队伍建设是关系职业教育人才培养质量的关键因素，学校应打破传统的专业限制，建立服务于财经商贸专业群建设的教学团队，与行业企业紧密联系，充分了解1+X证书试点背景下产业发展的新趋势、新业态，新技能、新方法，促进教育教学质量提升。

为提高课堂教学的效果，可组织教师参加各级各类教师教学能力竞赛和教学法交流评比活动，促进教师将1+X证书中“大智移云物区”等知识与技能融入教学内容，突出课堂教学的科学性与实效性。某职业院校教学团队在“本量利和边际贡献分析”课程中融入“业财一体化”证书内容，在“税费计算与纳税申报”课程中融入财务数字化应用证书内容，取得了良好的教学效果，受到了专家的一致好评，在省级教学能力大赛中取得了一等奖的好成绩。

在教材建设方面，结合教材专项检查，将1+X证书试点对接专业领域要求，组织专家与骨干教师对教材内容进行自查，对难以满足1+X证书对专业知识、技能的最新要求的部分及时整改，全面提升教材建设科学化水平。

三、反思与启示

（一）政行企校一体化工作机制有待进一步完善

1+X 证书制度是提高职业教育人才培养质量的根本性制度，如何进一步发挥政府职能部门的统筹规划，协调管理职能，规范试点企业在教师培训、学生考证、平台建设等工作领域中的行为，调动行业、企业参与学校专业建设的积极性，建立政行企校一体化工作机制，对促进职业院校财经商贸专业群建设将起到积极的推动作用。

（二）1+X 证书试点范围与“X”证书的含金量有待进一步提高

专业群中各专业均应积极加强 1+X 证书试点项目，针对“互联网 + 行动计划”“中国制造2025”“大众创业、万众创新”等国家战略，将“大智移云物区”等新技术、新业态、新工艺、新模式对职业教育提出的挑战融入专业教学标准，以满足区域经济结构调整、产业结构升级对培养更多更好知识型、发展型技术技能人才提出的要求。目前财经商贸类专业 1+X 证书的试点范围与“X”证书的含金量还存一定距离，亟待加强。

（三）专业群课程资源交叉融合还有待进一步深入

1+X 证书试点工作还是一件新生事物，专业教师对试点工作的认知由浅到深，需要学校不断加强宣传教育，不断提高专业教师的积极性。专业群间课程设置受传统行政归属分类限制，共享课程资源、共享实训平台的交叉融合有待进一步加强。

职业教育改革是永恒的话题，上海市商业学校将按照高质量发展的要求，坚持以学生为中心，加强内涵建设，深化技术技能人才培养，为上海经济社会发展提供更多的高质量人才。

参考文献

［1］闫晶晶 .1+X 证书制度下高职院校会计专业人才培养模式改革分析：以重庆财经职业学院为例［J］. 南方农机，2020（6）：113.

［2］曾德生，骆金维，肖巧玲，等 .1+X 证书制度下高职院校大数据人才培养的实践研究［J］. 职业教育研究，2020（1）：30–34.

［3］关金金 .1+X 证书试点制度下的大数据技术人才培养模式分析研究［J］. 科教文汇，2021（23）：136–138.

［4］魏宝全 .“1+X”证书制度下高职会计人才培养模式构建［J］. 中国乡镇企业会计，2020（9）：237–238.

信息技术发展背景下与“SPADE”标准结合的教学探索

西安海内教育科技有限公司　王东波

【摘要】2019年1月，国务院印发了《国家职业教育改革实施方案》，明确提出大力发展我国职业教育、提升职业教育质量，推进各职业学校内部质量保障体系的诊断和完善，提高职业学校教育质量的自我保障能力的要求。而我国正处于新一代信息技术大发展时期，如何在信息技术发展背景下，科学合理构建职业学校内部质量保障体系诊断改革模式，是我国职业教育必须面对的重要课题与研究方向，本文试图通过“以学生为中心、专业为栽体、学校为主体、课程和教师为两翼”的路径，建立了“SPADE"诊改总体框架。同时，结合信息技术的发展模式，尝试探索将信息技术的发展与“SPADE”标准有效结合，推进SPADE标准研究的创新。

2019年1月，国务院印发了《国家职业教育改革实施方案》。随着我国经济社会以及信息技术发展进入了全新时代，产业精进和结构调整的步伐将越来越快。国家建设将需要更多的技能性人才，这就要求职业学校在国家教育体系中发挥出更大的作用。为了全面提高职业教育质量和人力资源开发水平，需要建立健全职业教育质量评价和监督评价体系。同时，信息技术的发展，为各职业学校促进内部质量保障体系的诊断和完善提出了新的思路和方法。

一、信息技术发展背景下职业院校内部质量保证体系诊改模型的构建思路

（一）教育部对于提升高校教学能力的要求

2015年6月，教育部印发《关于建立职业院校教学工作诊断与改进制度的通知》（教职成厅〔2015〕2号），提出人力资源开发新目标：通过对专业设置、师资队伍建设、专业和课程建设、学校管理体制等工作的诊断和改进，规范工作，确保人力资源开发质量，建立合理的人才培养机制。随后，教育部印发了《高等职业院校内部质量保证体系诊断与改进指导方案（试行）》（教职成司函〔2015〕168号）。随着这些文件的不断出台，地方教育部门开始了内部教育质量诊断的高潮，各地职业院校开始高度重视内部质量保障体系相关工作，迫切需要实施有效的、不间断的质量控制体系，以不断提高教育质量。

（二）信息技术发展背景下职业教育教学质量

随着信息技术的发展，职业教育质量体系中的学校、专业、课程、师生关系有了新的发展。广西国际商务职业技术学院提出了“SPADE”诊断与改革的框架，为全国职业院校教育质量改革提供了新思路和新方法。

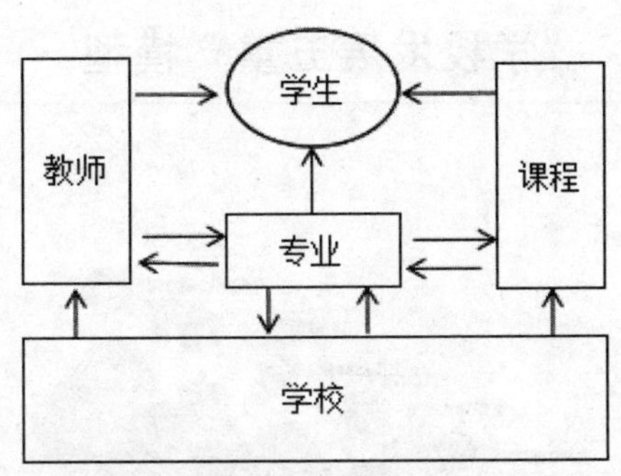

“SPADE”诊断和改革框架

二、信息化发展背景下“SPADE”诊改模型的构建

（一）“SPADE”诊改模型

根据信息化发展要求，广西国际商务职业技术学院制定了“SPADE”诊断与改革模型。“SPADE”模型包含学校发展的五个层次和专业建设的五种力量的诊断与改革。

职业院校内部质量保证体系“SPADE”诊改模型

（二）学校发展“五重”模型，构建内涵发展保障体系

学校发展“五重”模型主要包括五个维度：重保障，保障确定考核；重考核，考核落实

制度；重制度，制度支撑体系；重体系，体系践行规划；重规划，规划引领方向。这五个维度是一个相辅相成的过程，也是一个顺其自然，互相成就的过程。职业院校在教育改革的过程中，应该以这五个维度为依托，同时结合信息化发展要求，以学院信息化基础建设为开局，不断完善和提升现代职业院校治理能力，确保顺利实现学校“十三五”改革与发展规划目标。

E “学校发展五重”模型

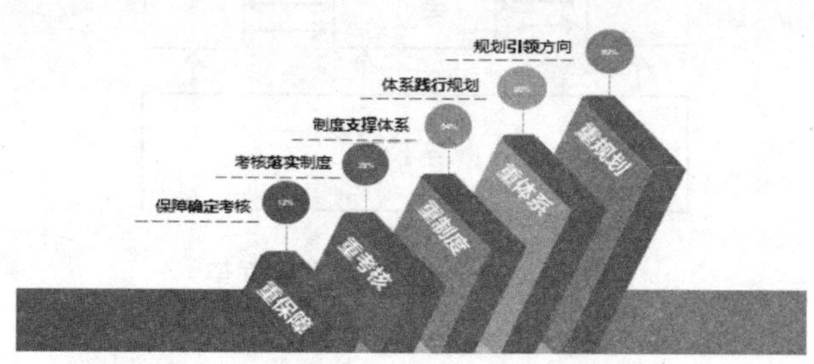

学校发展“五重”模型

（三）专业建设“五力”模型，打造高水平专业群

在专业层面，学校应该时刻以社会需求和时代需求为目标，以校企合作、产教融合、贡献地方经济、发展高质量应用为理念。在信息化飞速发展的当今时代，专业建设“五力”，必须与信息化发展要求有机结合，充分利用信息化工具从专业发展潜力、教师魅力、课程保证力、就业竞争力、社会影响力五个方面对专业的建设与发展进行诊改。

P “专业建设五力”模型

专业建设“五力”模型

（四）课程建设“五度”模型，提升课程质量

在课程层面，采用“以学习者为中心”的方法，在课程开发、课程实施、课程反馈三个阶段，

利用信息化课程工具提高课程质量，形成课程建设“五度”模型，从符合度、完整度、满意度、创新度、成就度五个方面进行了诊断和改革。

“课程建设五度”模型

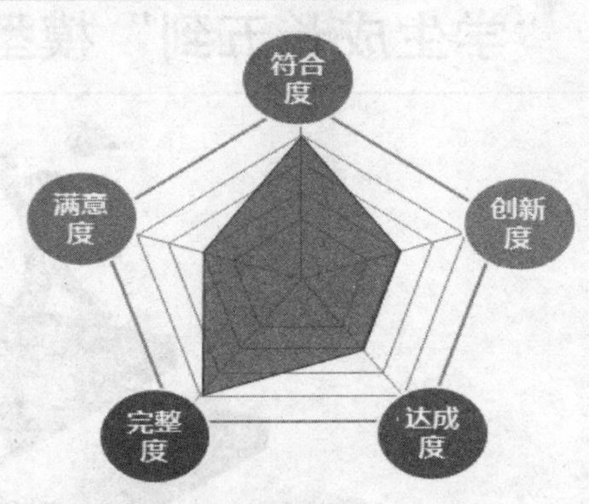

课程建设“五度”模型

（四）教师发展“五独”模型，提升“双师”队伍水平

在教师层面，根据教师成长规律构建教师发展“五独”模型。可以分类设置诊断和改革的关键指标，并使用专业的信息工具对其进行评估。

S “教师发展五独”模型

教师发展“五独”模型

（五）学生成长“五到”模型，提升人才培养质量

在学生层面，以“立德树人”为原则，构建学生成长“五到”模型，诊断和改革学生的发展能力。通过将信息技术应用到课程中，提高学习效率。

“学生成长五到”模型

学生成长“五到”模型

参考文献

[1] 李庆文．职业院校内部质量保证体系 SPADE 诊改模型的构建［J］．现代职业教育，2019（35）：106–107.

[2] 赵辉．“SPADE”模型视角下广西财经商贸类高职院校加强质量文化建设的探索［J］．国际公关，2019（4）：2.

[3] 李庆文．“专业建设五力”模型视角下职业院校专业群发展研究［J］．现代职业教育，2019（21）：2.

“SPADE”模型视角下“会计信息系统（双语）”课程教学研究与实践

广西国际商务职业技术学院　黄嘉妮　肖悦　农敬萍

【摘要】为有效开展教学，“会计信息系统（双语）”课程积极采用“SPADE”模型开展课程诊改，通过提高课程符合度、完整度、满意度、创新度、达成度，大大提高了学生学习的积极性，达到了较好的教学效果。

“会计信息系统（双语）”课程面向会计（中外合作办学）专业的学生，在教学实践中积极采用“SPADE”模型开展课程诊改，取得了不错的成效，得到了学生、督导、企业及中外办学院校的充分肯定。下面结合本课程实践经验，分析基于“SPADE”模型，如何对“会计信息系统（双语）”课程进行科学有效的教学设计。

一、中加合作办学项目情况分析

加拿大北方应用理工学院和广西国际商务职业技术学院于 2017 年开展了会计专业合作办学项目，学院通过引进加拿大国际一流的会计岗位培训体系，开设双语课程。项目注重与国际会计准则接轨，致力于培养通晓国际政策法规，精通国际财会知识，服务现代商务的财会人才。该专业实行中加“双重学籍”管理制度，学生按照相关规定，完成相应课程的学习后，既可获得广西国际商务职业技术学院的文凭，又可以获得加拿大北方应用理工学院的文凭。

在课程体系建设上，要求专业核心课程全部采用加拿大方面的课程，采用双语教学。

二、“SPADE”模型内涵分析

“SPADE”模型是广西国际商务职业技术学院在开展内部质量保证体系诊断与改进工作过程中，以发展性评价为价值导向，通过不断实践改进构建的具有广西财经商贸类高职院校特色的质量诊改模型及指标体系。“SPADE”的名称来源于诊改模型“独（Special）、力（Power）、到（Achievement）、度（Dimension）、重（Emphasize）”五大方面英文单词首写字母的组合，每个方面均涵盖5个指标体系，共明确了100多项诊断点。

"SPADE"模型包含学校、专业、课程、教师、学生五大方面。在课程建设方面，以学生为中心，注重课程在研发、实践、评价不同阶段的效果，构建"课程建设五度"模型，从符合度、完整度、满意度、创新度、达成度五个维度对课程实践情况进行诊断与改进。

目前该模型已被2所海外高校以及包含7所全国双高建设单位在内的38家职业院校推广，得到广泛的关注和欢迎，其应用实践表明，该模型能够促进学生积极参与课堂学习。

三、"SPADE"模型课程诊改应用分析

（一）提高课程符合度

本课程基于2020级会计（中外合作办学）专业人才培养方案，课程标准符合国家制定的《高等职业学校专业教学标准》，对接会计、出纳、财会主管能力的需求，符合学生职业发展需要。学院与新道科技股份有限公司、广西财税科学应用研究会、南宁玲诚会计服务公司等，深耕校企合作，共建课程标准。

课程教学设计基于超星平台的"一个核心、两条主线、过程管理"混合式学习模式，以学生为主体，学生通过录屏、课件、案例、练习、讲座等线上资源自主学习知识点，学生可以将疑问与知识总结发到师生互动的讨论区，与老师及其他同学交流，也可以登录超星图书库去阅读学习资源，探索问题答案。以教师为辅，线下翻转教学，同时利用超星平台进行大数据过程管理，以学定教，精细考评。

构建"岗课赛证"融通的模块式课程内容体系，将教学内容分为系统管理、基础设置、总账管理、报表处理、薪资管理、固定资产管理6个教学模块。

（二）构建课程完整度

本课程拥有校企双师教师团队，教师的学历均为硕士研究生，具有双师资质，均按学校的要求参加企业实践，教师全方位共同建设课程，集思广益，保证课程质量。

"会计信息系统（双语）"课程培养的是具备全球视野的会计专业人才，这就需要授课老师不仅有良好的英语授课水平，还需要具备扎实的财经素养及知识，为中加合作办学的学生在财务领域的学习指点迷津。为解决专业课教师双语教学能力不足的问题，经合作双方协商研究，学院通过定期派送专业教师到加拿大北方应用理工学院培训、引进精通英语的优秀会计人才充实课程教学团队、加强对现有教师双语教学能力的培养等途径来提升教师的双语授

课能力和水平。

本课程拥有一套完整的双语教学资料。教案完整，教案设计科学合理，便于实施，教学进度表与计划相符，与学校教学校历要求同步。教学设计科学有效，包含教学内容、目标、教学重难点、教学准备及过程计划、板书设计及教学反思等。

考核实现多元化精细评价，将过程性考核与终结性考核有机融合，考核内容贴合教学实际。课程的考核分为两部分，平时成绩和期末成绩各占 50% 。其中，平时成绩对应学生在每个教学模块中的课前、课中、课后实操情况，大数据分析，精准评价，注重对学生知识、能力、素质目标的完成情况的考评，并且与教师评价、企业专家评价、学生互评相结合。期末考核方式为全英文闭卷考试，考察学生总账、报表、固定资产、薪资系统的操作。若成绩为 80~100 分，可达到加方界定的优秀水平，若分数低于 50 分，则低于加方所界定的及格标准，视为不及格，需要重新补考这门课程。

"会计信息系统（双语）"课程定位为：学生在熟练掌握会计专业知识的基础上，了解国际会计准则和中国会计准则的异同，了解加拿大财会的前沿动态信息，能够熟练运用英语进行沟通表达和业务操作，以适应国际化的趋势。对此，"会计信息系统（双语）"课程的教学不能一味地只强调采用英文原版教材进行授课，应该结合学生的实际情况，在确保学生系统学好财会专业知识的前提下，提升学生的英语沟通能力。因此，学院采用中英文混合教学模式，在采用英文原版教材"*Using Sage* 50 *Accounting* 2016"的基础上，选取与英文教材配套的、难度适中的中文新型活页式、工作手册式教材，如校企共建教材《业财一体信息化应用》。在授课过程中，注重中英文教材的相互衔接，如讲授固定资产、薪资系统等较难的知识点时，教师首先用中文简单讲授其中的原理和概念，然后再结合英文教材的案例、图示进行讲授，最后再配以中文教材的教学课件、教学视频、教学案例及教考系统的练习，帮助学生们巩固知识点，从而保证中英文教材之间的系统性及连贯性。

（三）提升课程满意度

教师在授课过程中，充分运用探究式教学、PBL 项目教学、角色扮演教学、问题陷阱等多种教学方法与教学手段。师生互动高效，学生学习效果好。课程通过超星平台，面向其他学校、企业、社会开放共享，用于国内外培训，社会应用推广性强。

（四）开拓课程创新度

作为一门国际合作建设课程，采用"唤醒－内化－践行"三环相融模式，有机融入思想政治教育元素。课程思政的内容涵盖爱岗敬业、诚实守信、客观公正、严谨工作、保守秘密、遵纪守法等职业素养的培养，有利于弘扬社会主义核心价值观。

“会计信息系统（双语）”课程还注重“岗课赛证”融通育人，将“1+X”证书的业财一体信息化、初级会计师、会计技能竞赛、财会岗位核心技能等内容融入课程，培养学生按照《企业会计准则》的要求规范职业操作。

新道教考系统为理实一体化教学平台，它根据会计信息系统的系统管理、基础设置、总账、固定资产、薪资管理、报表六大子系统而开发，该系统最大的优点是通过设置练习模式或考试模式，对学生的会计信息系统操作自动评分，帮助学生在理实一体的教学中进行自主学习。同时，系统将业务操作划分为出纳、会计、财务主管等不同岗位，方便学生沉浸在情境中，思考问题、锻炼技能和转换思维方式。学院利用新道教考系统的功能特点，对学生因材施教，让学生分小组完成教考系统相应任务，小组之间互相 PK。在练习期间，团队成员由小组中相对更有能力的学生进行培训指导，以帮助能力相对较弱的学生，同学间互相帮助，完成小组任务。这一教学模式的实施，一方面可以让学习能力强的同学，通过指导其他同学，加深对知识点的理解，另一方面，能及时解答基础差的学生的问题，帮助他们学有所获。

（五）促进课程达成度

“会计信息系统（双语）”课程教育教学与国际标准接轨，充分利用北美优质教育资源，适应国际经济一体化发展趋势，同时充分应用了“SPADE”模型，大大提高了学生自主学习效果，学生、同行、督导三个层面的评价都很好，课程到课率达到 98.2%，作业完成率 99.4%，学生主体参与率 99.6%，学习能力形成率 100%，学生知识掌握度 99.5%，学生满意率达 100%。课程示范效果佳，获得加拿大北方应用理工学院和广西国际商务职业技术学院双重认可。

在“会计信息系统（双语）”课程双语教学中，运用“SPADE”模型的诊改探索，受到学生的肯定与支持，学生既提升了英语沟通及阅读能力，又获得了扎实的会计专业知识，课堂氛围良好，教学实践初具成效。中加合作办学项目双语课程的教学研究仍处在不断探索中，需要不断改革完善和创新。

参考文献

［1］黄嘉妮，李欣，蒙逸颖 . 高职中外合作办学课程双语教学改革与创新研究——以广西国际商务职业技术学院《会计信息系统（双语）》课程教学为例［J］. 中国多媒体与网络教学学报（中旬刊），2020（07）：27–29.

［2］赵辉 .“SPADE”模型视角下广西财经商贸类高职院校加强质量文化建设的探索［J］. 国际公关，2019（04）：123–124.DOI：10.16645/j.cnki.cn11–5281/c.2019.04.094.

［3］李庆文 . 职业院校内部质量保证体系 SPADE 诊改模型的构建［J］. 现代职业教育，2019（35）：106–107.

在线教学赋能信息化教学改革

上海市商业学校 朱晓将　金南辉　李昌忠

【摘要】本文以新冠肺炎疫情防控期间组织实施在线教学为例，以“互联网＋教育”理念重塑信息化教学为突破口，从背景与措施、经验与不足、对策分析等方面，阐述了在线教育赋能信息化教学改革的方法、路径，阐述了“三教”改革实践的初步探索成果，从而为今后进一步深入开展信息化教学改革打下坚实基础。

一、研究背景与主要举措

（一）研究背景

大力推进“互联网＋职业教育”是现代职业教育发展的必然选择。服务全民终身学习、促进就业是新时代赋予职业教育的重要使命，需要突破原有传统教育的范式，形成基于互联网的多样化、专业化、扁平化的职业教育新生态，满足个性化的终身职业发展需求。《国家职业教育改革实施方案》明确提出，要落实立德树人根本任务，以发展师生信息技术素养与职业能力为核心目标，以支撑学校教育教学变革与发展的技术系统为核心内容，通过教育教学模式创新，促进师生全面、自由、个性化发展。

2020年，新冠肺炎疫情突然暴发，全国11000余所中等职业学校相继启动在线教学，将线下教育教学全面迁移至线上。学校以网络教学改革创新为动力，以提高网络教学质量为目标，经过为期近一年的在线教学，确保了教育教学的整体顺利开展，以学生为中心的意识得到普遍提高，信息化基础设施与服务得到加强，为未来信息技术与教育教学深度融合开展了实践探索。

（二）主要措施

1. 加强线上教学组织建设与制度建设

根据疫情防控领导小组部署，各职业院校纷纷成立工作小组，制定在线教学工作方案，出台《网络教学指导意见》等制度规范，对开课后的网络教学故障及应急处理制定详细的应对办法，对教师开展网络教学采用的录播、网络课程、网络研讨等方式方法提出指导性意见。

2. 多维度促进线上教学组织实施

学校在原教学计划基础上进行大幅调整，制定线上教学计划，完成线上教学安排表，除少数需要特殊场地、实训软件类课程无法实施在线教学外，大部分课程均完成了由线下到在线教学的转变。

3. 全力做好教学平台与教学资源准备

学校主动与各在线教学平台服务机构对接，开展教师在线教学培训。同时，做好充分的网络教学资源准备，使用喀秋莎、哓黑板、PPT 录制等各类工具软件，制作发布视频、微课、电子图书、小程序等各类教学资源，满足在线教学对教学资源的需要。

4. 加强教学督导，及时反馈教学中的各类问题

各校纷纷改进教学督导方法，建立了多维度、多角度、多层次、全方位的督导与监控制度，动态反馈网络教学质量，不断提高教师信息化教育教学水平，实时了解网上教学动态，及时发现问题并解决，以加强网络教学质量督导监控，提高教学质量，满足学生对高质量学习的需求。

二、取得的成效与存在的不足

（一）取得的成效

在线教学促使学生在教学过程中的主体地位得以凸显。线上教学避免了传统课堂教学模式下时间和空间的限制，宽松的学习氛围使学生的主动性与创造性得以更好地发挥，使学生成为教学过程中真正的“主角”。

教师角色的转变充分体现了建构主义观点在线上教学中的运用。通过在线教学，很多教师意识到，知识不再是仅仅通过教师讲授获得，而是学习者在一定的教学情境中，借助教师和学习伙伴的共同帮助而获得。这种思维方式的转变对教师在今后的教学过程中改进教学方法将起到极大的推动作用。

线上教学对整合学校既有信息化教学平台、教学资源，纵向打通教学资源共享起到了很大的推动作用，许多职业院校将多年来专业建设制作的各类教学资源集中公布到教学互动平台上，供师生下载使用，资源使用效率大幅度提高。

（二）存在的不足

1. 师生信息化素养有待进一步提升

教师和学生是开展在线教学的主体，教师的信息化素养和学生的在线学习能力是影响在线教学成败的关键因素。据统计，疫情发生前，学校基础文化课与专业课程中，采用线上与线下相结合的混合式教学模式开展教学的课程约占所有课程的 40% 左右。疫情期间，几乎所有的教师均采用了各种形式的线上教学，极大地推动了教育信息化进程。然而，疫情结束后，

受传统习惯的影响，加之部分学生学习的主动性、积极性有待进一步提高，部分教师又恢复到传统的线下教学。究其原因，教师的理念认知欠缺和信息技术能力不足是影响在线教学质量的首要因素，学生在线学习的信息化素养、重视程度、学习方法和习惯也是影响在线教学质量的重要因素。教师在线教学、学生在线学习的方法与习惯还需持续养成。

2. 实践性教学受到一定程度影响

职业院校近年来通过专业建设，加强数字化教学资源建设，解决了疫情期间学校的难题，但仍有部分实训课程推延至学生返校后开设，影响了理实一体化教学目标的实现。

3. 校企合作信息化教学改革机制尚待完善

产教融合、校企合作是职业教育的基本特征，大规模的线上教学需要平台企业的大力支持。教育教学工作是一个复杂的生态系统，除了教学功能，还需要考核、管理、评价与资源展示等多要素综合才能构成一个完整的教学系统。

疫情防控期间，许多教育平台服务机构为各职业院校提供了免费的平台服务，受到了师生的普遍赞誉。但疫情结束后，学校只能依靠社会公共教育云服务、MOOC 平台、社交沟通软件提供在线教学，非公益性平台仅免费提供基本教学服务，无法提供考核评价、数据分析、管理、资源展示等功能。

4. 教师在线教学激励政策不足

许多学校鼓励教师开展线上与线下相结合的混合式教学，翻转课堂，实现课堂革命。通过定期组织教师教学技能竞赛，推动教师使用各类教学平台开展线上教学，虽然取得了一定成绩，但教师的积极性有待进一步提高。教师缺乏在线教学的动力，也是影响在线教学广泛使用的重要因素，需制定相应激励机制，以调动教师参加课堂教学法改革的积极性。

5. 网络资源版权保护问题亟待解决

在开展大规模在线教学的过程中，很多教育管理者关注到数字化教学资源的知识产权保护问题。教育主管部门强调，在使用线上教学资源时，应分级管理，加强对资源知识产权的保护。各类学校在制定网络教学指导意见时，提出加强知识产权保护，避免可能出现的教学资源侵权、个人隐私泄露等问题。数字经济时代，在线教学涉及大量共建共享教学资源的使用，网络资源版权保护问题日渐凸显。

三、信息化教学改革的对策建议

（一）推动师生信息化能力提升

“互联网 + 教育”时代，职业教育的教学理念、教学内容和教学方式将发生革命性变化。

教师需要借助信息技术全面提升信息化教学能力和创新教学能力，不断提高自身的可持续发展能力，主动适应大数据、人工智能等技术变革，抓住个人成长机遇，提升在线课程设计与开发、数据分析和评价、混合教学等信息化能力，走出教学舒适区，提升数字化学习能力。学生需要借助信息技术全面提升信息化学习能力、实践能力，培养创新精神和终身学习能力，以适应时代和未来发展的需求，成为学习的主人。

（二）加强数字资源建设、共享与应用

虚拟仿真技术能有效解决职业教育教学缺乏技能操作与演练环境的现实困境，这类资源是职业教育数字资源的特色与重心。虚拟仿真实训资源具有技术含量高、专业性强、能满足岗位能力实践要求、成本投入大、开发周期长等特点。

职业院校可不断加强产教融合、校企合作，加强与同类职业院校的交流合作，共同开发开放教育资源，如教学资源库、电子书、在线开放课程、精品课程、网络课程、虚拟仿真实训软件等，以破解职业教育数字化教学资源的难题。教育主管部门也可主导形成开放教育资源共建共享生态，从资源共建共享共治的机制上根本解决资源供需的结构化矛盾。

（三）完善校企合作信息化教学运行机制

教育主管部门应继续加大对职业院校信息化教学改革的支持力度，形成有利于职业院校教育教学改革的良好氛围。此外，可以以购买服务的方式向职业院校提供公益性教育云服务、MOOC 平台、社交沟通软件等。

职业院校应主动作为，通过产教融合、校企合作，共同开发融教、考、管、评、资一体的信息化教学平台，统一数据规范，在各类学习终端上，实现教学、考核、管理、数据分析与评价、资源展示各项功能的教学互动平台。

职业院校应成立信息化领导小组，由负责教育教学的副校长牵头，聘请专家小组共同研究讨论，以文件的形式阐明学校信息化的理念和管理依据，包括信息化战略规划、信息化管理政策、基础设施建设标准、数据标准、用户信息化岗位规范、信息化管理制度等。

此外，为保障信息化教学改革，还应建立信息化运行保障机制，包括信息化运维管理、安全保障、人员培训、经费保障、研究与发展机制等。

（四）建立在线教学激励政策

按照教育主管部门统一部署，学校可组织骨干教师参加空中课堂课程资源制作，参加各级各类在线开放课程、精品课程、网络课程、数字化教材建设。定期总结经验，对取得显著成效的个人和集体进行表彰，鼓励教师积极参与在线教学资源开发。

通过各级公开课、教学法比赛、在线直播课程等方式，鼓励教师积极参与在线教学，实现“以学生为主体，以教师为主导”的新型教学方法，实现翻转课堂与课堂教学革命。

实行职称评审政策倾斜。将积极参加线上教学并取得突出成绩作为教学实绩列入职称评价细则，作为教师职称评审的重要评价指标，对于做出特别贡献、获得明显成效的，在同等条件下予以倾斜。

（五）加强网络资源知识产权保护意识

国家立法机构应当制定出完善的相关法规，更好地保护网络资源版权的安全。要加强网络资源知识产权保护意识，维护版权拥有者的权利。政府职能部门对于知识产权保护应当引起足够重视，逐步提高全民知识产权意识，科学、合理、合法、有效地利用信息资源，保护自身合法权利，使得网络资源知识产权保护与教学资源的获取形成良性循环，通过共同努力，转变思想意识，从根本上遏制网络资源知识产权侵权行为。

参考文献

［1］朱海丽．网络信息资源建设中的知识产权保护［J］．法制与社会，2016（26）：286–288.

［2］王十一．信息化时代网络教学资源的整合与共享［J］．广西广播电视大学学报，2020（5）：10–15.

［3］杨卫明．大数据智能化背景下程序设计课程线上线下混合式教学模式构建［J］．计算机时代，2021（5）：4.

［4］张志强，古沐松．疫情下的高校理论课程教学体系变革［J］．福建电脑，2021，37（5）：137–140.

［5］许龙，陈亮．新财经教育背景下的“人力资源管理”混合式教学模式初探［J］．科教文汇，2021（13）：136–137.

［6］陶依贝．混合式教学模式下调动学生积极性的教学设计［J］．科技风，2021（13）：56–57.

智慧财务时代高职院校会计专业学生就业竞争力提升策略研究

广西国际商务职业技术学院 吴迅

【摘要】人工智能和智慧财务的飞速发展，对传统会计行业产生了巨大的冲击，社会对基础核算会计的需求大大减少，对会计人员的综合素质也提出了更高的要求，这也给高职院校会计专业学生的就业也带来了严峻的挑战。文章以智慧财务对高职院校会计专业学生就业的影响及冲击为切入点，分析了智慧财务时代对会计人才的要求，并对当前高职院校会计专业学生就业竞争力存在的不足进行了剖析，进而提出提升高职院校会计专业学生就业竞争力的策略。

一、高职院校会计专业学生面临的就业现状

我国政府以及社会各界一直都很关注大学生就业的问题，当前我国大学生所面临的就业形势依旧非常严峻。一方面，大学生总量持续上升。根据教育部相关数据，2022 年我国高校应届毕业生人数预计超过 1000 万人，将再创历史新高，此外，还有部分往届毕业生待就业，大学生面临的就业竞争将更为激烈。另一方面，近两年受全球范围新冠肺炎疫情的影响，我国乃至全球的经济都呈现下滑的趋势，就业岗位供给总量减少。2021 年 10 月，国际劳工组织在发布的报告中指出，2021 年全球工作时间将比新冠肺炎疫情前水平（2019 年第四季度）减少 4.3%，相当于 1.25 亿个全职工作岗位。在这样的大环境下，大学生面临的就业形势更加严峻。而高职院校中会计专业一直都比较热门，招生规模持续增长，会计专业毕业生人数逐年增加，会计专业毕业生所面临的就业竞争越来越激烈。

二、智慧财务时代对会计专业学生就业带来的挑战

随着大数据时代的到来，5G 智能的应用，万物互联已成为社会发展的新常态。同时，伴随世界经济和科技的逐渐融合，人工智能的出现，给各行各业的发展都带来了极大的机遇和

挑战。人工智能是通过研究、开发用以模拟、开拓人的智能的理论与方法，从而形成一项技术及应用系统的新科学，它可以通过学习、模拟人类的思维，形成自己的操作系统，类似于人类的“大脑”，从而能够自主完成过去只能由人类来胜任的某些操作。在此背景下，智慧财务的快速发展也给传统的会计行业带来了极大的冲击，近几年，企业对于基层会计人员的需求明显减少。国内外知名的四大会计师事务所率先引进智能机器人，将基础的核算业务变得尽可能的准确无误，大大提高了工作效率，同时也降低了经营成本。可以预见，在不久的将来，越来越多的企业会引进智慧财务，而对于财务基础核算人员的需求一定是越来越少。这样的时代背景，对于刚走出校园步入社会的会计专业毕业生而言，无疑是一个巨大的挑战，因此，高职院校会计专业学生必须努力提升自身的就业竞争力，才能面对如此激烈的就业竞争。

三、智慧财务时代会计人员应具备的能力

（一）自主学习和解决问题的能力

在智慧财务时代，知识更新换代迅速，会计人员要增强学习能力，转变观念，与时俱进，积极学习更广泛、更前沿的知识，将业务和财务融合在一起，适应智慧财务的时代背景。同时，会计人员还必须提升发现问题和解决问题的能力，善于在工作中发现问题，为智慧财务的发展提供建设性的意见，积极寻求办法使智慧财务更恰当、更精准地为会计工作服务。

（二）经营管理和沟通协调的能力

在智慧财务时代，会计人员必须善于沟通，并具备一定的经营管理能力。企业的经营效益与会计人员的应对、风险控制、决策等能力息息相关。同时，一个好的会计人员，必须要善于协调对内对外的各种关系，善于营造和谐沟通、友好交流的氛围，更有效地推动财务工作的开展。

（三）分析预测和判断决策的能力

在智慧财务时代，人工智能极大地提高了财务工作的效率和准确率，降低了财务工作的成本，但是还不能完全取代会计人员。财务工作涉及大量的数据，人工智能可以高效快捷地对前端数据进行收集、清洗、初步分类，但最终结果的预测和结论认定仍然需要人进行决定，因此，会计人员必须提升在数据模型的基础上进行分析预测和决策的能力。

四、智慧财务时代高职院校会计专业学生就业竞争力的不足

（一）专业知识不够扎实

目前，会计人才市场的现状是：基础核算型会计人才趋于饱和，高端管理型会计人才缺乏。一名优秀的综合型财务人员，必须要有扎实的专业知识作为支撑，除了要有牢固的财务专业知识之外，还应具备会计信息化、税费核算和纳税申报、经济法律、大数据应用等专业技能。而绝大多数的高职院校会计专业应届毕业生除了熟悉财务会计工作的基础知识和技能外，还有很多如税收、管理、法律、信息化技术、大数据技术等相关的专业知识和技能并不熟悉，整个专业知识体系还不够完善，专业知识不够扎实。

（二）实践技能不够熟练

会计的本质是一种经济管理活动，从企业的角度来看，企业也很注重会计人员的实践操作能力。但是，很多高职院校在人才培养中并未真正体现出高职院校的办学特色，课程设置与社会需求脱节，“重理论、轻实践”依旧是高职院校人才培养中普遍存在的一个问题，也直接影响了会计专业学生的就业竞争力。目前，虽然很多高职院校都按照教育部的人才培养要求加强了实践教学，但是由于各种客观因素的影响，高职院校会计专业的学生较难实现大批量到企业顶岗实习，大多还是通过在校内的仿真实训基地开展实践教学，校内的实训基地与企业真实的工作岗位、真实的职场环境还是存在差异，这也导致学生实践技能与现实工作有一些脱节，难以实现学校与企业的无缝对接。

（三）智慧财务意识不强

智慧财务是未来财务工作发展的趋势和方向，当前各行各业的商业巨头都纷纷引入智慧财务，建立了自己的数据库以及财务共享中心，比如百度大数据处理中心、阿里云大数据服务中心等。当前社会的发展需要企业会计人员具备智慧财务意识，但是目前大部分高职院校会计专业学生对于我国智慧财务发展现状以及发展趋势并不了解，普遍缺乏智慧财务意识。高职院校也没有注重培养学生这方面的能力，教师很少深入行业企业前沿进行学习，知识结构老化，会计课堂同当前社会发展脱节，学生也缺乏自我思考和创新的意识，学生的能力与智慧财务时代的要求出现偏差。

（四）自我定位不够准确

当前的大学生绝大多数是“00”后，他们大多刚成年，社会阅历尚浅，对未来的工作和生活充满美好期待，对于自己进入职场的第一份正式工作，工资定位过高，工作环境要求完美，

同时希望发展前景乐观，这些要求已远远背离了自己的实际情况和目前就业市场大环境。对企业而言，企业给予个人的薪酬与个人为企业所创造的价值是相匹配的，很多应届毕业生都存在好高骛远、眼高手低的问题，对自身的能力缺乏清醒认识，自我定位不准确，过高而又不现实的期待也直接导致了会计专业毕业生在现实中择业困难。

五、智慧财务时代提升高职院校会计专业学生就业竞争力的措施

（一）更新观念，优化会计专业人才培养模式

1. 优化会计专业人才培养方案

高职院校必须进一步对会计专业人才培养方案进行完善和优化，要根据社会及行业发展的趋势动态调整会计专业人才培养方案。要结合当前人才培养方向与目标，以智慧财务的发展动态为突破口，不断进行会计专业人才培养方案的优化设计。要在现有会计专业人才培养方案的基础上，结合会计专业标准，优化会计课程的内容设置，实现会计专业课程与智慧财务的无缝对接。

2. 加速财务会计向管理会计转型

在智慧财务时代，会计职能逐渐向管理型转变，仅靠单一的会计知识已无法适应行业的发展。作为会计专业学生，如果想成为高层次的管理人员，仅仅依靠基础会计理论已不能适应和满足企业和社会的需求。因此，高职院校必须改变传统的会计专业教学思维模式，专业教学中不仅要传授财务会计、经济学、纳税筹划、财务管理等经营管理专业知识，还要传授管理会计实务、会计信息系统、“互联网 +”会计、供应链财务管理系统、大数据在会计中的应用等相关知识，努力提升学生的风险控制、经营决策能力，并不断完善和更新知识体系，把学生培养成能适应现代化改革的复合型人才，为将来向管理型人才转型奠定良好的基础。

（二）理实一体，提升会计专业学生实践技能

1. 双元主体并进，构建五级进阶实践教学体系

搭建“双元主体，五级进阶”的高职会计类专业实践教学体系。双主体是指学校与企业都作为实践教学的主体，校企双方共同构建会计类专业的实践教学体系。以我校为例，学校将桂商文化、第二课堂、民族风俗、创新创业、国际交流五大元素融入人才培养过程中，力求培养学生知识学到、技能习到、素质修到、情商悟到、胆商独到，并实现学生实践能力商萌咖—商小咖—商战咖—商大咖—商名咖的五级递进。

2.“岗课赛证”融合，构建模块化实践课程体系

高职院校要以“岗课赛证”融合为指挥棒，优化重构会计专业实践课程体系，探索实践课程与工作岗位、职业技能竞赛、职业技能等级证书的对接与融合。在实践课程的设置上，既要体现会计专业技能基础，也要尽可能与真实工作环境相吻合。要基于“岗课赛证”融合，优化会计类专业实践课程体系，即以理论知识、职业素养、职业标准、技能训练为主线，建立“基础通识、专业特色、书证融通”的模块化实践课程体系，把职业资格证书、1+X 职业技能等级证书、职业技能大赛、典型岗位操作规范等内容融入实践课程体系，实现课程内容与职业标准对接，毕业证书与职业资格证书对接，提升高职院校会计专业人才培养质量。

（三）产教融合，共建共享实践教学资源

1. 产教融合，共同制定实践课标

课程标准决定了专业的培养目标和教学内容。高职院校在制定会计类专业课程标准时，可以采用校企合作、共同建设的方式。积极邀请行业企业的专业人士共同参与会计专业课程标准的制定，共同开发建设“企业财务会计”“财会分岗实训”“审计实训”等课程。在共建课程标准的过程中，院校主要负责课程标准的教育性，而行业企业人士则主要负责课程标准的职业性，并通过校企双方的深入沟通交流，实现课程标准的教育性和职业性的有机统一。

2. 产教融合，共同建设实践课程

其一，搭建“会计基础”“企业财务会计”等专业课程的网站，上传课程资源、专业活动介绍、专业活动图片视频资源、前沿动态、课外学习电子资料等素材，促使教学内容更加趋向于动态化、开放化、多样化。其二，推广网中网、超星学习通等教学平台的应用。专任教师在教学平台上建好课程，把微课、微视频、实训案例等实践教学资源上传到教学平台，学生可以随时随地进行学习并进行反馈，教师可以在线上进行指导，以对话协商式的非线性教学方式取代传统的“灌输式”的线性教学，增强了专业实践教学的开放性。

（四）校企融合，优化会计专业师资队伍

1. 推进校企合作，构建创新发展的会计专业双导师制度

“校企合作，产学结合”是高职教育人才培养模式改革的核心。高职院校会计专业建设应依托行业优势，加强与企业交流，深化校企合作，建设和完善校企共建的双导师制度。专业导师队伍由校内导师与企业导师共同组成，校内导师主要负责专业理论教学的部分，企业导师主要负责专业实践教学的部分，理论教学与实践教学双管齐下，在加强学生专业理论知识的同时不断提升学生的实践操作技能。

2. 实施校企双培，构建“双师双能”的实践教学师资队伍

一方面，学校要制定和完善实践教学师资队伍建设的规划，有组织有计划地派出专业教师到企业进行顶岗实习，教师直接参与企业的实践工作，校企双方共同进行管理，促进专业教师实践技能的提高。以我校为例，学校每学期都有计划地派出一定比例的专业教师到企业进行顶岗实践，要求每位专任教师每两年挂职企业锻炼时间不少于两个月；要求二级院系合理安排教师的教学任务，拿出专门的时间或利用教师寒暑假进行培训；设立双师型师资培训专项经费，并在评优评先以及年度考核时对双师型教师给予相应的支持。另一方面，学校可以邀请企业的专家到校内进行专业教学，通过合作交流，相互学习，提高实践教学质量，提高教师的实践技能，促进“双师双能”的实践教学师资队伍建设。

（五）准确定位，树立正确职业规划

1. 帮助学生正确认识自己

大学生必须树立正确的择业观，要结合实际能力和个人情况为自己制定一个长期的职业发展计划。不能轻视任何基本的工作岗位，一个基本的工作岗位也可以锻炼自己的能力，在实务中稳固自己的专业技能，同时也可以为下一步的职业发展打下良好的基础。在日常的专业教学中，教师必须积极融入课程思政的内容，做好社会主义核心价值观教育，帮助学生树立正确的“三观”，教导学生必须脚踏实地，切勿好高骛远，要认清就业时存在的不足、劣势和优势，以及今后努力的方向，在工作中找准自己的角色和定位，不断充实自己，丰富自己。

2. 为学生提供正确的职业规划

专业教师除了传授专业知识之外，平时还应该积极主动与学生沟通交流，了解学生的思想动态以及对就业的想法，结合专业的特点以及学生自身的需求，帮助学生对将来的就业规划进行分析，帮助学生树立正确的职业观和就业观。同时，学校应该在人才培养方案中开设职业规划课程，结合当前社会发展的趋势以及智慧财务发展的前沿知识，强化学生对于智慧财务的了解，为学生的职业生涯规划提供正确引导。

参考文献

［1］李钢，徐小燕．高职院校会计专业“会计工厂”实践教学模式应用探析［J］．中国乡镇企业会计，2021（4）：178–179.

［2］许捷．人工智能背景下的财会人员就业问题研究［J］．科技经济导刊，2021，29（9）：

217-218.

［3］李心怡 .AI 发展对高校会计专业就业影响及新型人才培养研究——以佛山科学技术学院为例［J］. 今日财富（中国知识产权），2020（12）：168-169.

［4］杨小燕，廖清远 . 人工智能时代高职会计信息管理专业人才需求调查分析［J］. 江苏教育研究，2020（30）：3-6.

［5］李伊平 . 人工智能时代下提升职业院校会计专业学生就业核心能力研究［J］. 农家参谋，2020（23）：202.

［6］罗映红 . 智能财务时代会计人才能力需求分析——基于广东地区招聘信息的统计［J］. 商业会计，2020（1）：120-123.

［7］李庆文，赵辉 . 构建“SPADE”人才培养质量保障体系［N］. 中国教育报，2021-09-23（007）.

［8］袁雪飞 . 基于“岗课证赛融合”的高职会计信息管理专业课程体系重构［J］. 商业会计，2017（5）：120-122.

［9］李易飞，张媛 . 智能化时代会计从业发展及就业策略探究［J］. 营销界，2019（51）：235-236.

基于“SPADE”标准的高校专业建设研究

西安海内教育科技有限公司　王东波

【摘要】随着互联网教育的发展，互联网的去中心化、平等、互动、共享、开放等特点，颠覆和改变了传统教育的观念、思维和方法。在互联网技术的支持下，教育变得越来越多样化和终身化，学习也变得越来越个性化。本文在“SPADE”标准的基础上对高校专业建设进行分析，并提出以下建设建议：实行订单式人才培养模式，促进专业与职业的有效衔接；合理确定课程比重和难度，满足岗位实际需求；开展实践性教育，提高实践影响力；深化产教融合，加强与行业的深度合作。

一、引言

2019 年 1 月，国务院制定了《国家职业教育改革实施方案》，明确指出，随着我国经济社会持续加速发展，新技术稳步崛起，产业升级和结构调整不断加快，对技术人才的需求不断增加，对职业教育提出了更高的要求。其中，“互联网 +”在整个经济社会领域的快速渗透就是一个典型的代表。“互联网 +”是一项技术，是一种生态，是一种更先进的生产力。中国已经进入以“互联网 +”为代表的信息时代，这也意味着生产方式发生了重大变化。教育的目的是提供适合生产力发展的人。在工业时代，人们只要掌握知识和技能，就可以参与社会生产，解决生活中常见的问题。在“互联网 +”时代，传统的知识和技能已经不能满足现代社会生产力发展的需要。自 2015 年李克强总理在政府工作报告中首次提出“互联网 +”行动计划以来，教育信息化处于加速发展阶段。教育信息化即促进信息技术与教育的融合，引领教育改革，促进教育公正，提高教育质量。在此背景下，高职教育面临着教育理念、人才体系、专业建设、教育手段等方面的新要求和新挑战。因此，有必要对当前高职院校专业建设情况进行研究。

二、“互联网 +”对高职院校专业建设的影响

学习不仅是个体感知、记忆和思维的认知过程，更是植根于社会文化、历史背景和现实生活的社会建构过程。这就要求在高职教育专业建设的过程中，不仅要关注学生的变化，更要营造适合社会主体学习行为和心理变化的环境。传统的“内容知识 + 教育知识”二元知识

结构已难以满足未来人才培养的要求。技术知识将成为一种新的元素，并将越来越多地与“内容知识 + 教育知识”相结合，这是未来高职院校专业发展的趋势。

三、基于“SPADE”标准的高职院校专业建设现状

高职院校基于多年的内部质量诊断和改革实践经验，制定了“SPADE”标准。“SPADE”取自标准中“独（Special）、力（Power）、到（Achievement）、度（Dimension）、重（Emphasize）”五个关键词的首字母组合。然而，在高职教育专业建设的实际过程中，却出现了偏离标准的现象，存在许多问题。

（一）专业设置偏离岗位实际

高职教育存在的一个普遍问题是专业设置的滞后。高职院校的专业建设标准和人才培养方案的制定者无法预测专业对口率和就业率，很难预测三年后的热门专业，规避三年后的冷门专业，保障专业对口率，实现毕业生 100% 就业。高职教育缺乏专业化，可能会导致专业设置偏离实际工作需求，导致毕业生找不到工作。

高职教育专业设置缺乏前瞻性，专业设置通常以传统专业为主。传统专业已发展到成熟阶段，师资力量雄厚，实训室建设良好，社会影响良好，招生情况良好；新兴产业的主体规模较小，处于探索阶段，如果毕业生三年后工作前景良好，他们就会继续招收更多的学生。如果我们追随热门专业在劳动力市场上的趋势，而不去实际预测大专业的未来前景，就会偏离岗位的实际需求。

（二）专业认同感不高

如果学生的期望与相应职业的社会评价和社会价值相一致，学生的职业认同感就高；相反，学生的职业认同感就低。从学生调查问卷得出结论：低职业前景是学生被解雇的主要原因之一，学生对自己的职业前景有消极的态度。调查发现，专业认同感越高，其专业对口比例越高，两者之间存在正相关关系。

（三）课程设置不能满足学生的实训需求

课程建设是高职院校专业建设的“骨骼框架”，是高职教育专业建设的主要环节。在课程设置中，不仅要注重理论知识的教学，更要注重实践技能的培养。专业知识简单有利于学生的理解和消化吸收，但专业知识过于简单会降低学生的求知欲。学生必须掌握有难度的知识，唤醒求知欲，这有利于在职业生涯中的实际操作。

（四）实习实训难以满足学生的需求

课程建设是高职教育专业建设中不可或缺的环节。在课程体系中，包括必修课、选修课和社会课。课程类型包括实践性培训，学生需要进行专业培训，将抽象知识转化为直接经验，将教师的间接经验转化为直接的内在知识经验。

职业院校需要加强职业资格领域的实践培训，为学生提供更多的实习机会和培训机会，满足他们职业发展的需要。

四、基于“SPADE”标准的高校专业建设建议

（一）实行订单式人才培养，促进专业与职业的有效衔接

高职院校专业设置滞后，无法预测劳动力市场的未来。走专业化、职业化的道路，是高等职业教育的迫切任务。职业培训又称“人才定制”，一般认为是学校根据企业人才标准，与企业共同制定并实施专业人才培养计划，实现专业人才直接培养的一种方式。在学校和企业之间架起一座桥梁，培养学生的理论知识和实践技能。企业会创造一个真实的工作环境，让学生尽快适应工作岗位，学以致用。在学校，学生进行专业知识学习，内训基地可以对专业知识学习进行相应的补充。实施订单式培训，一方面提高了专业的匹配率，将技能型人才直接与岗位挂钩，实现专业与职业之间的有效过渡，降低了学生毕业后找工作的难度，同时减少了教育资源的浪费。借助订单培养，可以提高教学资源的利用率，改善专业对口率。另一方面，提高了招聘人才的质量，节省了招聘人才的时间、物力、人力等开支。通过与学校的合作，企业可以培养所需的人才，学校可以提高专业的相对价值，学生对工作感到满意，从而实现学校和用人单位的双赢。

（二）合理确定课程比重和难度，满足岗位实际需求

高职院校课程设置应根据专业性质而有所不同。与普通高校不同，高职教育的目的是培养适应市场和社会发展需要的技术应用型人才。高职教育的性质决定了课程的特殊性。总体而言，理论类培训所占比例略高于实践类培训。由于人才培养的需要，高职院校不仅在校内创造了相应的实训空间，还在校外建立了实训基地。为了满足学生的培训需求，保证教育效果，学校应加强培训的实施，并采取适当的培训实施保障措施。高职教育培训中课程设置难度必须适应学生的需要。为了锻炼学生的技能，提高人才培养质量，课程设置应适当提高课程难度，以满足岗位的工作需要。

（三）开展实践性教育，提高实践影响力

在课程设计上，高职院校应合理设置理论与实践训练的比例，适当提高实践训练比例。在增加实训的同时，还必须加强对实训效果的监测。由于培训场所的特殊性，实际培训的效果难以监控，应运用一定的监测手段，对每一项职业培训的技能进行评价，确保学生参与每一项实训，提高实践能力。

（四）深化产教融合，加强与行业的深度合作

实施产教融合可以实现教育的实现，将课堂上抽象的知识转化为具体的生产操作知识，学生可以通过实地工作灵活掌握模糊的专业知识；生产与教育的融合可以实现生产的智能化，将专业知识融入具体生产中，提高生产中的相关知识，提高学生的专业素质。在《中国制造2025》的背景下，产教融合为教育培训提供了一种新的方式和方法。深化与产业界的合作，可以实现办学水平的新飞跃。

深化产教融合，促进产学研合作深入发展，可通过以下步骤实现：第一，实施现代学徒制。如果只有学校单方面参与人才培养，就会脱离产业教育一体化的内涵和产业教育一体化的应有意义。以行业和学校共同参与培训为目标，使学生具有理论知识和公司主人翁的领导生产实践能力，达到共同培养技能和共同育人的目的。第二，促进教育过程的灵活性。高等职业学校开设的专业包括文理、技术和科学。对于大多数高等职业教育的领军者来说，这是技术的一部分。工程类专业与人文医学专业最大的区别在于，人文医学专业可以通过教师的理论教育和课堂上的 PPT 演示来控制专业知识的内容；学生只能掌握自己的理论知识，对操作的内容有一点了解。在“中国制造 2025”的背景下，社会对技术人才的需求对人才的实践技能提出了更高的要求。教师不仅要让知识和学生掌握，更要在实践和技能上理解知识。教育过程将是灵活的。教师会在课堂上传授专业知识。同时，在学生进行工业生产实践时，由师傅指导具体的工作方式，以实现共同培养人才的目标。第三，提高“双师型”教师在高职教育中的比例。深化校企合作，实现校级跨越，必须引进“双师型”教师，完成教育队伍建设，增强高职教育内部活力。

参考文献

［1］李庆文．“专业建设五力”模型视角下职业院校专业群发展研究［J］．现代职业教育，2019（21）：2.

［2］李庆文．职业院校内部质量保证体系 SPADE 诊改模型的构建［J］．现代职业教育，2019（35）：106-107.

“三全育人”视域下“SPADE”模型育人模式建构

广西国际商务职业技术学院　孙向前

【摘要】本文分析当前高职院校“三全育人”的现状及全员育人中“员”协同性缺乏、全过程育人中“程”实效性欠佳、全方位育人中“位”耦合性不强问题。以广西国际商务职业技术学院“SPADE”模型为例，提出高职院校“三全育人”视域下育人模式构建策略：以学校发展五重引领学院顶层设计、以专业建设五力促进专业群发展、以课程建设五度加强课程改革、以教师发展五独强化师资队伍建设、以学生成长五到提升学生发展能力。

引言

2019年初，国务院颁布了《国家高职教育改革实施方案》，明确指出：“高职教育与普通教育是两种不同教育类型，具有同等重要地位。”同时，习近平总书记也指出：“劳动者素质对一个国家、一个民族发展至关重要，技术工人队伍是支撑中国制造、中国创造的重要基础，对推动经济高质量发展具有重要作用，要在全社会弘扬精益求精的工匠精神，激励广大青年技能成才、技能报国之路。”高职院校作为培养高素质高技能时代新人的主阵地，要切实担负起把每个学生培养成新时代社会主义建设需要的德智体美劳全面发展的人才，培养成支撑中国制造、中国创造的高素质高技能劳动者的历史使命。“三全育人”理念的提出不仅为加强高职院校教学质量提供了新思路，也为改进高职院校人才培养模式提供了新的路径。因此，“三全育人”视域下高职院校如何构建有针对性、实效性的育人模式，值得深入地研究和探索。

一、“三全育人”视域下高职院校“SPADE”育人模式构建背景

（一）“SPADE”模型提出的背景

2015年，教育部印发《关于建立职业院校教学工作诊断与改进制度的通知》，要求职业院校要根据自身办学定位以及人才培养目标，在专业设置、师资队伍打造、专业及课程建设与改革、学校管理体系等方面推进诊断与改进工作，并构建以保证人才培养质为目的的常态化

工作机制。随后，教育部及各地教育部门相继颁布了许多相关配套文件，掀起了为提高人才培养质量而进行诊断与改进工作的高潮。在全国各职业院校大力推进内部诊断与改进工作的背景下，广西国际商务职业技术学院结合职业院校诊断与改进工作思路及学院工作实际情况，提出了以学校为主体、以学生为中心、以专业为载体、以课程和教室为两翼的“SPADE”诊改模型。

（二）“三全育人”研究综述

自2017年中共中央、国务院提出“三全育人”理念以来，各职业院校都在践行“三全育人”，但由于办学规模、办学理念、管理模式等种种现实因素，各地个职业院校的育人模式不尽相同。如《构建以红色文化为依托的“三全育人”创新模式》提出从内容、实现路径和创新方法三大方面构建以红色文化为依托的“三全育人”体系。《立德树人视阈下高校“三全育人”的创新路径研究》指出“三全育人”的现实困境，并从思想理念、制度建设、方法体系、人员队伍和环境氛围等多方面来创新“三全育人”的实现路径。上述研究，为本研究提供了借鉴。

在肯定学界研究成果的同时，我们也要清楚地看到高校“三全育人”中存在的不足，《新时代高校“三全育人”格局体系构建》针对高校“三全育人”协同保障机制不健全、育人实践创新性不够和科学评价体系缺乏等现实问题，提出科学构建新时代“三全育人”格局体系应该坚持问题导向、强化协同联动、创新实践模式、完善科学评价体系的措施。《构建高校“三全育人”工作体系的策略》一针见血地指出当前高校“三全育人”依然存在认识层面；轻重观念与意识未能明显转变、实践层面；育人资源整合仍旧停滞不前、机制层面；协同育人的系统合力未能形成和环境层面：内外形势变化下的本领恐慌等问题。提出构建聚焦“关键少数”、聚焦“关键环节”和聚焦“关键领域”的工作体系。基于以上研究，“三全育人”视域下高职院校“SPADE”育人模式顺应而出。

二、“三全育人”视域下高职院校育人现状与存在问题

（一）全员育人中“员”协同性缺乏

高职院校中全员育人的协同性指全体教职工都应参与育人中，处处、时时、事事都要显示出育人功能。但现实中，重理论、轻实践，重智育、轻德育，重内容，轻方法等问题普遍存在，全员育人中“员”的角色严重缺位。在顶层设计上，没有根据“三全育人”理念的目标和任务设计出职责清晰、责任明确、功能协调、资源共享的实施方案，导致学校在整体推

进“三全育人”进度过慢，难以高效实现育人目标。在具体实践上，教育理念方面，没有认识到理论与实践相统一，认识出现偏差。教学方法方面，普遍采用单一乏味地课堂教学的方法，易致使学生学习积极性不足。教学课程方面，没有能够深入挖掘课程内容背后蕴含的育人元素，育人效果不突出，教师队伍建设方面，教师的德育和思政意识还有提升空间，缺乏提升地有效途径，管理体制方面，各管理职能部门仅限于守好自己的“一亩三分地”，存在“各扫门前雪”现象，在育人实践上体现不足，未能形成合力，育人成效没有显现。在组织保障上，没有形成完善的激励、约束、评价、服务机制，内生和外生动力不足，导致“不想干”“不会干”“不敢干”。因此，教职工参与全员育人的现状与新时代中国特色社会主义对大学生提出的要求不匹配，亟待构建完善有效的全员育人的育人模式。

（二）全过程育人中“程”实效性欠佳

全过程育人作为高职院校实现立德树人目标的重要一环，指育人过程不间断进行，育人效能不断叠加，达到增强育人实效性的目的。当前高职院校在全过程育人中普遍存在“程”的断点问题，如高职院校的教职工和学生不但依法享受“双休日”“国家法定节假日”，还享受寒暑假，有些高职院校寒暑假长达两个月之久，在假期期间，一方面教职工难以组织学生进行教学育人，更有一些自私的教职工，认为放假等于休息，怠于开展相关工作育人。另一方面，学生也因各种原因离开学校，忙于自身事务，参与育人活动的积极性大大减弱。再如高职院校目前普遍开设有专业课与实践技能课程，在课程内容上，各门课程各自为战，没有相互融合，任课老师也缺乏有效沟通，致使课程之间衔接薄弱；在实践课程上，由于重知识、轻实践的育人目标的导向，致使一些院校实践技能课程流于形式，没有发挥出应有的功效。这些问题都严重影响全过程育人的持续性、实效性，如何让全过程中各要素有效融合、衔接，服务于立德树人的目标，值得深入地思考与探索。

（三）全方位育人中“位”耦合性不强

在社会的发展进步和多元化文化并存的现实大背景下，目前高职院校在全方位育人过程中，还存在育人方位存在重心偏移，耦合性不强问题。具体表现为：一是文化育人内容缺失。一方面，在目前国家大规模扩招的基础上，高职院校为了提高招生率，普遍重视专业技能课程的开设，轻视文化素养课程开设，没有形成完整完善的文化素养课程体系。另一方面，包括粉丝文化、二次元文化等在内的“亚文化”大范围传播对大学生价值观的塑造产生消极的影响，校园文化也是学生接受文化、学习的重要载体，可潜移默化地影响学生，但现实中，高职院校的校园文化建设不完善，导致其育人效果不佳。二是实践育人流于形式，大学生思想政治教育作为教育教学的中心环节，教育方式需灵活多样，可参观爱国基地、参与志愿服务等，但由于经费等现实原因，实践育人没有发挥出应有的效果。再加上缺乏高效的运行机制，责任体系尚未形成，实践育人体系独立于教学体系之外，评价机制未完善等导致实践育人流于形式。三是科研育人作用薄弱，教师承担着各种各样的科研任务，为提高工作效率，会要求部分学生参与其中，但缺乏通过科研项目对其进行教育，导致科研与育人相脱离，科研育人作用薄弱。四是网络育人平台育人滞后，宣传教育内容比较单一，没有立足于学生成长成才的需要，打造生动有趣，贴近个人生活的“线上”课程，网络育人平台建设滞后，育人内容单一性与学生需求多样化存在矛盾。各育人版块之间如何实现有效运转和兼容，共同服务于立德树人，值得进一步探索和实践。

三、“三全育人”视域下高职院校“SPADE”模型育人模式的构建

（一）以学校发展“五重”引领学校顶层设计

科学、规范的顶层设计能助推规划转化为现实，高职院校“三全育人”模式的构建牵涉到方方面面，要想将立德树人理念转化为行动，需要经历复杂的过程，因此，必须做好顶层设计。高职院校要想做好顶层设计，需从以下方面入手：一是重规划，根据“三全育人”理念的内涵特点，厘清各要素之间的关系，结合学校实际，制订出职责细化、目标明确、资源共享的总体行动方案，同时，成立以学校主要领导为组长的领导小组，推进“三全育人”早日落地生根，确保高效实现育人目标。二是重体系，运用结构化思维，构建课程、实践、校园活动为载体的“十大育人”体系，并结合学校实际将其量化、具体化、可行化，把“三全育人”这项系统工程落实落细，同时要确保各体系之间信息互通，协同协作。三是重制度，制度是规范行为的有效途径，各体系要根据分工内容，结合自身的实际情况，抓紧制定完善“三全育人”相关制度，以制度来规范、确定育人责任，激发育人激情。四是重考核，结合学校自身情况，定期组织相关教职工和专家对学校“三全育人”进行考核评价，如有必要还可以引入第三方评价机构来完善评价机制，以确保考核的公平公正。五是重保障，根据行动方案，统筹资金安排，加强工作队伍建设，营造良好氛围，为“三全育人”开花结果提供强有力的保障。

（二）以专业建设“五力”促进专业群发展

高职院校专业群建设涉及人才培养模式、施教内容方法、课程教学、师资队伍建设等方面，是一项立体化、多维度、多要素的系统工程，其建设成果关乎学校内涵式建设，也与实

现人才培养目标有千丝万缕的关系。具体而言，高职院校要想做好专业群建设，需做好以下几个方面的工作，一是专业发展潜力，根据国家和地方的发展战略，结合学校发展实际，对学校的专业发展潜力进行测评，及时淘汰更新不适合社会发展的专业，增设有发展潜力的专业，保证专业发展潜力。二是提升教师魅力，教师是施教的主体，直接面对学生，其教学方式方法内容直接影响人才培养质量，因此多组织教师参加教学技能和师德培训，提升教师修养，提升教师魅力，保证授课质量。三是课程保证力，结合当前的新业态、新技术的发展，积极开展专业教学改革和课程调整，提升教学质量和专业竞争力，保证课程的可持续发展。四是就业竞争力，就业是检验学校人才质量的“试金石”，高职院校要关注学校的就业动态，做到及时知晓学生的就业情况，针对本地区和本行业对人才的市场需求，加强专业群建设，提升学生的就业竞争力。五是社会影响力。一方面，通过加强政企行合作的方式，在科研、继续教育、专业交流等方面做出成绩，提升专业群影响力。另一方面扩大社会服务面，整合社会各种资源，提升服务社会能力。

（三）以课程建设“五度”加强课程改革

课程建设是高职院校实施教学活动的主要载体，决定着教师以何种方式、何种内容教授学生及学生如何开展学习，直接影响着教学质量和效果。具体而言，高职院校要想做好课程改革，需做好以下几个方面的工作，一是符合度，课程改革必须符合国家和地区的发展趋势，必须符合地区和行业的发展需求，必须符合就业岗位所需的知识和能力，必须符合师生的实际需要，才能吸引师生兴趣、实现教师“想教”“能教”“愿意教”，学生“想学”“能学”“愿意学”。二是满意度，建设师生满意的课程内容，需要做好专业课程与行业岗位的衔接，强化对行业岗位的调研，解决课程内容缺乏行业支撑、课程讲授落后于育人实际、课程内容与企业需求脱节等实际问题。三是完整度，要打破“各自为战”局面，做好各门课程教学内容之间的衔接与课程的系统性，构建完整的课程体系，不但要注重培养学生的专业素养，还要培养学生的综合素质，保证学生全面的发展。 四是创新度，进一步建设校企合作机制，依托企业优势，推进大师工作室等多种育人模式，共同开发教学资源，探索共同培养方案，提高教师资源开发能力，实现共育高素质人才。五是达成度，课程改革必须紧紧围绕达成度的目标。做好课程规划，推进专业知识教育与思想政治教育相结合，注重过程管理，保证课程教学质量，完善教学评价体系，大力推进课程一体化育人。

（四）以教师发展“五独”强化师资队伍建设

教师队伍建设是高职院校教书育人的质量保证，也是党和国家高度重视教学改革的重要内容。面对复杂多样的新形势新情况，高职院校要建设一支业务素质高、道德情操优的师资队伍，可以从以下几个方面入手。一是育人情操特高，教师需在充分学习中华优秀传统文化的基础上厚植的爱国情怀和传道情怀，实现教师用爱国情怀潜移默化影响学生，践行爱国主义教育，用更有自觉性、广泛性和吸引力的传道情怀，关注学生学习、心理、性格、情感乃至生活，实现学生全面发展。二是教学能力特强，教师应通过多渠道多方式开展学习，提升自身专业技能和核心素养，充实更新自身知识储备，改变教育教学的方式方法，不断提升自身教学水平和能力。三是科研能力特优，教师应树立科研育人意识，培养自身学术道德品质，积极申报各类科研项目，适时邀请学生参与其中，共同完成科学研究，在完成过程中对学生进行科研精神、学术道德，达到润物细无声的目的。四是教师魅力特有，教师不仅要有扎实的学识，还需拥有过硬的高职素养，通过专业知识的影响力和高职素养的感染力，来教育学生、感化学生，只有言行一致，才能以德服人、以理服人、以爱育人。五是仁爱之心特显，教师要有仁爱情怀，对学生要有仁爱之心，用爱化为教育的主要手段的方式，与学生进行真心、真切的交流，从而温暖学生心田、增强学生信心，帮助学生更好地树立“世界观、人生观、价值观”。

（五）以学生成长“五到”提升学生发展能力

学生素质是否符合经济社会发展的要求是检验学校人才培养质量的试金石，因此，高职院校一切工作都应围绕提升学生发展能力开展进行。提升学生发展能力，实现教育教学效果，对突出高职教育的类型定位、深化高职教育教学改革、提升高职教育服务经济社会发展的能力具有重要意义。具体来说，可以从以下方面入手：一是知识学到，引导学生明确自身的生涯规划和学习目标，通过目标分解，做好计划加强学习，还可以借助课程考试来检验是否掌握专业知识，确保知识学会、学到。同时，引导学生积极参加“第二课堂”和素质选修课，提升自身全面综合素质。二是技能练到，科学设置实习实训课程、培训课程，同时引导学生积极参加顶岗实习、技能竞赛、社会实践、社团组织等，确保技能学到，技能练到。三是素质达到，除开设专业课程外，要加强党史、新中国史、改革开放史、社会主义发展史教育和爱国主义、集体主义、社会主义教育，增强学生政治素养、行为素养、人文素质、心理素质和高职素质。四是情商悟到，开设心理课程，确保学生能了解心理基本知识，通过心理排查及时了解学生的心理动态，对高危人群进行及时疏导，以防问题出现，加强教育，引导学生在学习和活动中进行自我激励，提升学生发展能力。五是胆商独到，引入素质扩展，给学生挑战自己的机会，激发在困境中的潜力，培养良好心理素质，铸就学生事业上的成功。

结语

总之，高职院校“SPADE”育人模式的构建就是以学生为中心，调动全员育人力量，整合各种育人资源全过程全方面育人，通过学校发展五重、专业建设五力、课程建设五度、教师发展五独、学生成长五到五个方面发力，打造全面、立体、多维的育人体系。其核心是落实立德树人根本任务，坚持全员、全过程、全方位地育人，积极推进高职院校内涵式建设，为社会主义建设培养合格建设者和可靠接班人。

参考文献

［1］习近平对我国选手在世界技能大赛取得佳绩作出重要指示强调·弘扬精益求精的工匠精神激励广大青年走技能成才技能报国之路．李克强作出批示［EB/OL］http：//www.xinhuanet.com/2019-09/23/c_1125029351.html.（2019-09-23）［2020-10-22］.

［2］李庆文．职业院校内部质量保证体系 SPADE 诊改模型的构建［J］．现代职业教育，2019（35）：106-107.

［3］尹超．构建以红色文化为依托的“三全育人”创新模式［J］．福建茶叶，2020（1）：234-235.

［4］于天奇．立德树人视阈下高校“三全育人”的创新路径研究［D］．石家庄：河北科技大学，2019.

［5］邓国彬．新时代高校“三全育人”格局体系构建［J］．社会科学家，2020（3）：141-145.

［6］刘彬．构建高校“三全育人”工作体系的策略［J］．党政论坛，2020（8）：44-46.

［7］唐琳．“商务写作与沟通”通用能力课程构建研究——大学生商务写作与沟通能力提升研究之二［J］．现代商贸工业，2020，41（23）：134-135.

［8］胡守敏．新时代背景下高校“三全育人”研究［J］．学校党建与思想教育，2019（14）：68-70.

［9］覃景冠．思政课教师队伍建设的六大维度［J］．昌吉学院学报，2020（4）：45-51.

［10］丁丹．新时代高校“三全育人”探赜：机理、问题与路向［J］．思想教育研究，2020（6）：119-123.

内部质量保证体系视角下教师能力构成的动态分析研究——以财经商贸类高职院校为例

广西国际商务职业技术学院 罗羿寒

【摘 要】“提质升级”“内涵式发展”是新一轮高等教育改革的关键词。教师群体作为诊改关注的重点群体，明确高职院校教师能力的内涵，建立高职院校教师能力结构模型，构建高职院校教师能力发展的路径，是高职院校内部质量保证体系构建过程中的一项重要任务。本文从教师能力构成的研究现状入手，分析了高职院校教师面对的新挑战，提出对教师能力核心内涵及动态发展的特点分析。

一、前言

随着《国家职业教育改革实施方案》《国家中长期教育改革和发展规划纲要（2010–2020）》等文件的颁布，素质提高和内涵发展成为高等教育改革的关键词。

建立高职院校内部质量保证体系，是发挥学校作为教育改革主体和主角作用的保证，也是确保高职院校提高教学质量、提高人才培养质量的有力措施。各高职院校根据实际情况，逐步完善自身的内部质量保证体系，从质量保证体系的顶层设计、教学部门、学生管理、课程设置、专业建设级等方面对院校内部的诊断与改进模式进行了一系列的研究与探索。对高职院校内部质量保证体系产生影响的各类群体中，教师群体是教学活动中最活跃的因素，也是高职院校诊改的中坚力量，必然是诊改工作关注的重点。

鉴于此，明确教师能力的内涵，建立教师能力结构模型，建设教师能力发展的路径，是构建内部质量保证体系的重要任务之一。

二、教师能力构成因素的研究现状

国外关于教师能力基础理论研究比我国开展得要早，学界普遍认为教师能力包括多个层次，但对于具体的能力层次划分及其标准、作用，学者们看法存在差异。较有影响的是博兹特瓦(SA Skvortsova）和托尼科娃（ YSVtornikova）（2013）的观点，他们认为教师的能力主要包括基础层次、核心层次和专业层次三种，并进一步提出三种能力层次在教育教学过程中承担着不同的作用。而霍尔（ D Hol）和阿克塔斯（ S Aktas）（2013）认为“胜任能力”是知识、技能和特征的总和，界定为九个维度，他们认为具备这些能力可以帮助人们圆满完成工作任务。戈赫（ PSC Goh）（2014）等学者则认为“教师能力”主要关系到课堂组织管理和学生学习的行为管理。

国内关于教师能力核心内涵的研究，目前学术界并没有一个权威的界定，研究者多依赖于主观理解和经验对其加以描述，多侧重于技能方面。李畅、王国庆（2010）从职业教育能力外延与内涵来分析，认为职业教育能力应涵盖职业理论与实践、教育理论与实践。教师能力在此基础上发展出课堂教学、课程整合与教学组织多种能力；陈龙图（2015）对教师能力进行界定，提出教师能力在广义上是指教师工作中所应具备的能力总和。在狭义层面则专指讲授知识传递技能的能力。魏秋菊（2012）从人才培养目标的角度分析认为，职业教育的目标在于使学生具备一定的技术技能，因此教师能力包含培养学生技术技能的专项能力；汤霖（2011）从教师能力与专业相关度分析认为，教师职业教育能力的核心应该是专业相关工作过程中技能的培养。钟祖荣（2018）提出新时期教师应具备的 8 项关键能力按其功能聚合程度分为四类：其一是教师对当下教育发展的社会环境的理解能力。它是为了使教育更好地立足于社会需要和利用社会，为社会发展服务的资源和能力。其二是教师自身所拥有的知识储备和能力储备构成育人基础。其三是教学能力，是教师教书育人指导学生学习的能力。最后是诊断评价能力，是教师了解学生和对学生能力进行诊断的能力，是教学的前提。学界开展了关于教师能力的相关研究，对教师能力发展提出了相应的策略建议，然而，在不同的教学对象、不同的专业领域、不同的教学环境、不同的教学模式下，教师所需要的能力要素并不完全相同。

三、新时代背景下财经商贸类高职院校教师面对的新挑战

职业教育的教育模式与普通教育不同。职业教育要得到社会认可就要求办出特色、办出水平，育人目标是要为行业企业的发展提供大批应用型技术技能人才。在新时代背景下，要达到符合社会预期的办学目标，教师面临着新的挑战。

（一）新发展目标的挑战

新时代背景下传统商业向商业集群、都市圈商业和商业综合体迅速发展，促使高职商科类专业在与现代商业产业体系对接过程中必须跟进并做到不断转型和升级。加之，在现代商

业集群中，国际贸易、财会金融、现代物流、旅游服务、商务信息等传统专业与最新科技成果在新商业系统出现交互叠加应用，新商业生态系统边界不断扩张，职业带重叠部分不断加宽，以互联网+、供应链、大数据等为代表的新型商业产业链不断成熟和发展将成为新时代商业产业创新与转型的大势。现代商业模式的不断创新大力推动高职商科专业群的建设，强力推进高职商科专业转型升级。

广西位于我国西部，中心城市商业群、县域商业和民族商业协同发展，互联网时代和智能化工具的广泛应用改变了传统商业的运行方式。对此，高职商学院应主动适应新时代快速发展所带来的商科人才需求，培养新商科人才业务技能，协助建设广西北部湾经济区、中国-东盟自贸区、一带一路有机衔接门户、西部陆海新通道。教师作为教学活动的直接实施者和最终实践者，在新的教学环境下其能力的提升也应顺势而为，在自我诊改中不断转型和升级。

（二）新育人理念的挑战

近年来，在习近平总书记和党中央的倡导下，社会各界逐步形成大力弘扬工匠精神的热潮。坚持立德树育人为本是新时代高校肩负的历史使命，在育人过程中培育大国工匠践行工匠精神是财经类高职院校坚定执行新时代为谁培养人培养什么人的价值观的体现。对财经类商科院校来说，在企业管理的关键岗位上从事相关工作的一线技术专家是大国工匠；在各类企业中具备企业管理、产品质量管理、市场监督管理、人力资源管理、行政管理等能力的人才用爱岗敬业践行工匠精神；具有创新精神、创业意识和创新能力，高度国际化的现代商业品格的人才同样是工匠精神的体现。要培养学生成为什么样的人，教师首先要自己成为什么样的人。“工匠精神”的理念渗透到教师的职业素质中，教师率先践行才能更好地引导和培养学生。

当代大学生有较强的表现欲，乐于接受新事物，偏好感知模式的教学风格，喜欢通过看图表、示范等直观案例来获得感性认识，喜欢通过提问、讨论等互动展示来学习理论知识；喜欢亲身体验实训或实操活动来掌握技术技能。“互联网+”背景使得学生的学习通道多元化，家庭条件和生活经历的不同，学生又存在认知差异。教师需要了解学生学习习惯，既考虑共性需求，又考虑个性差异，进行相应的学法引导。传统的教学理念、教学方法、“理论知识+技能知识”的二元知识结构已经难以适应当今人才培养的要求，教师要加速更新育人理念，重新定位教与学的关系，进而制定更具体有效的教学策略。

（三）多元化评价体系的挑战

职业教育办学模式正在从一般的办学模式向政府主导、社会参与、多元评价的特色专业教育类型转变，只有得到学生、家长、企业、行业、社会认可的职业教育才有生命力。职业教育质量评价体系以学生的职业道德水平、技术技能掌握程度和就业质量的高低为基础，综合考量产教融合、校企合作的水平，不光以单一的知识技能为尺度，更以可持续发展的能力培养为尺度来评价人才培养的质量。

毕业生作为人才培养效果的主体之一，其各项就业基础能力素质和专业素质的评价对分析教师能力构想成具有参考意义。2019 年的商科院校毕业生就业去向调查结果显示，70% 以上的高职毕业生选择留在区内各市县工作，为全区各地经济社会发展服务；毕业生的就业呈现行业多元化的态势，分布在交通运输、仓储、租赁、商务服务业、批发、零售业等多个行业；职业岗位呈现多样化的态势，分布在办事员、商业和服务业人员等职业，就业单位则以私营企业为主，在国有企业就业为辅。经调查，毕业生认为对其就业非常有帮助的基础能力素质分别是：善于观察、逻辑思维、表达能力、团队意识、创新思维、记忆能力、善于倾听、阅读理解、主动学习、情绪调节。对毕业生展开跟踪调查，以职业岗位能力需求倒推课程设置、教育教学重点，有助于确定教师能力提高和改善的方向。

毕业生用人单位评价对职业教育评价体系有重要参考价值。中小微企业的快速发展，以及学校不断深化的校政企合作，通过高职院校主动与重点企事业单位联系，将企业行业需求作为开设专业的重要考量，从育人之初即为毕业就业奠定良好基础；企业行业每年反馈用人需求、用人要求分析等相关信息，为学校内部质量诊改改提供参考。双方构建合作新模式，既为毕业生拓宽了就业渠道，同时人才培养更符合企业行业需求。企业行业的用人评价能真实地反映毕业生素质高低优劣，可以全面地反映人才培养过程中成功的经验与存在的问题，也有助于教师能力的提高和完善。

四、新时代高职院校教师能力构成因素的特点分析

（一）教师能力的核心内涵更丰富

教师能力直接影响着教育教学活动的效率，决定着教育教学活动能否顺利实施和完成。培养对象的特殊性和复杂性使教师需要掌握多种技能，涉及核心能力、一般能力、关键能力、基本能力等多个方面，这些能力在教师能力构成体系中有不同的地位，但又相互关联。

在教学实施方面，教师要有与所学专业相适应的专业实践经验和实践能力，开发设计课程，组织和评价职业教育，形成自己独特的教学魅力；在立德树人方面，教师需要具备育人情操、仁爱之心，坚持以学生为主体，坚持以人为本，关注学生在学习和生活中的精神要求，时刻

更新理念，在实践中不断思考和探索。在学科研究方面，教师需要具备科学研究、资源整合的能力。唯物辩证法指出，主要矛盾是唯一的，次要矛盾则具有多重性多样性。在教师的各种能力中，需要找出其中最重要的影响整体育人效果的能力，这种能力就是为什么教师成为教师的标志。尽管教师在学识素养、工作环境等方面存在着差异，但在能力结构中都包含了关键的核心能力。

（二）教师能力提升的动态模式

教师专业发展和自我成长有其规律，按合格教师、双师素质教师、专业带头人、教学名师进行分类，教师在职业发展不同阶段对其能力的提升都有不同侧重，这是一个动态的、不断发展变化的过程。

以内部质量诊断与改进体系为平台，对教师能力的核心内涵、教师能力结构模型进行研究，并建立有关教师能力监控和动态调整的管理制度和相应标准，实现教师个人成长和专业建设的深度融合。教师能力发展还可以用多维诊改指标来实现。从育人情操、教学能力、科研能力、教师魅力、仁爱之心五个方面作为主要导向的教师发展层面诊改指标体系，依据“五个方面（育人情操、教学能力、科研能力、教师魅力、仁爱之心）”开展教师层面的内部质量诊断与改进工作，使诊改工作一直处于规范良性的轨道上，实现教师能力的持续提升。

五、结束语

基于教师发展的现状，围绕教师能力层次结构，找出教师能力提升中存在的主要问题，深入分析问题产生的根源及其影响，分析解决这些问题的基础与条件有其必要性。而在内部质量保证体系建设原则的基础上，以财经商贸类高职院校的商科专业群为主体对象，根据师资队伍建设规划和相关政策，探索教师发展层面诊改的操作流程、评价内容、工作机制等，科学地改进、调整和提高教师能力提升路径，使教师发展步入良性循环，最终将帮助职业院校更好地培养符合高等职业教育要求的师资队伍，亦可促进职业院校自身的专业发展。

参考文献

[1] KOSTER B，BREKELMANS M，KORTHAGEN F，et al. Quality requirements for teacher educators [J]. Teaching & Teacher Education An International Journal of Research &

Studies，2005，21（2）：157–176.

［2］Broadfoot P. Teacher professional competency：concept content and structure［J］. Science and Education a New Dimension：Pedagogy and Psychology，2013（3）：1–6.

［3］Hol D，Aktas S. An Evaluation of Competency Perceptions of Non – native English Instructors［J］. Procedia – Socialand Behavioral Sciences，2013（1）：1163–1173.

［4］Goh P S C，Wong K T. Beginning teachers' conceptions of competency：implications to educational policy and teacher education in Malaysia［J］. Educational Research for Policy and Practice，2014（1）：65 – 79.

［5］李畅，王国庆.《谈高职教师三大职教新能力的再造》［J］. 教育与职业，2010（3）：48–49.

［6］陈龙图.《高职教师职教能力发展》［J］. 教育与职业，2015（12）：66–68.

［7］魏秋菊.《关于教师职教能力培训与测评的认识和理解》［J］. 中国科教创新导刊，2012（34）：144.

［8］汤霖，邹亚平.《论高职教师职教能力的提升》［J］. 当代教育理论与实践，2011（6）：107–108.

［9］翟敏.《高职院校教师职教能力的结构和内涵探析》［J］. 内蒙古教育，2018（12）：26–28.

［10］李美凤，李艺.《TPCK：整合技术的教师专业知识新框架》［J］. 黑龙江高教研究，2008（4）：74–77.

［11］朱超华.《教师核心能力发展与教师管理模式变革的研究》［D］. 广州：华南师范大学，2006.

［12］王丽珍.《教师专业发展能力模型建构》［J］. 教育理论与实践，2013，33（22）：36–40.

［13］靳莹，王爱玲.《新世纪教师能力体系探索［J］》. 教育理论与实践，2012（10）：38–42.

［14］王丽，林海，马存根.《三十年我国教师能力的研究状况与趋势分析》［J］. 教育理论与实践，2012（10）：38–42.

［15］许峰. 高职院校内部质量保证体系建设策略研究——基于诊断与改进的视角［J］. 高职教育研究，2018（7）：22–25.

［16］王美君，顾銮斋.《论国际视野中的教师核心素养》［J］. 天津师范大学学报（社会科学版），2018（1）：44–50.

[17] 钟祖荣 .《论新时代教师的关键能力》[J] . 教师发展研究，2018（2）：45-50.

[18] 杨慧 .《高职院校如何将“工匠精神”融入商科人才课程教学改革研究》[J] . 劳动保障世界，2018（7）：43-44.

[19]刘邦祥 .《以职业行动为导向推进职业学校教师能力建设》[J]. 教育与职业，2008(33): 25-27.